和谐校园文化建设读本

JUXING SHITAN

聚星诗坛

金 楠/编写

吉林教育出版社

图书在版编目(CIP)数据

聚星诗坛 / 金楠编写. — 长春：吉林教育出版社，
2012.6（2023.2重印）

（和谐校园文化建设读本）

ISBN 978-7-5383-8809-1

Ⅰ. ①聚… Ⅱ. ①金… Ⅲ. ①诗人—生平事迹—中国
—青年读物②诗人—生平事迹—中国—少年读物 Ⅳ.
①K825.6-49

中国版本图书馆 CIP 数据核字（2012）第 116060 号

聚星诗坛
JUXING SHITAN

金 楠 编写

策划编辑	刘 军　　潘宏竹		
责任编辑	刘桂琴	**装帧设计**	王洪义

出版　吉林教育出版社（长春市同志街 1991 号　邮编　130021）

发行　吉林教育出版社

印刷　北京一鑫印务有限责任公司

开本	710 毫米×1000 毫米　1/16	**印张**	12	**字数**	152 千字
版次	2012 年 6 月第 1 版	**印次**	2023 年 2 月第 2 次印刷		

书号　ISBN 978-7-5383-8809-1

定价　39.80 元

编 委 会

主　　编：王世斌

执行主编：王保华

编委会成员：尹英俊　尹曾花　付晓霞

　　　　　　刘　军　刘桂琴　刘　静

　　　　　　张　瑜　庞　博　姜　磊

　　　　　　潘宏竹

　　　　　　（按姓氏笔画排序）

总　序

千秋基业，教育为本；源浚流畅，本固枝荣。

什么是校园文化？所谓"文化"是人类所创造的精神财富的总和，如文学、艺术、教育、科学等。而"校园文化"是人类所创造的一切精神财富在校园中的集中体现。"和谐校园文化建设"，贵在和谐，重在建设。

建设和谐的校园文化，就是要改变僵化死板的教学模式，要引导学生走出教室，走进自然，了解社会，感悟人生，逐步读懂人生、自然、社会这三本大书。

深化教育改革，加快教育发展，构建和谐校园文化，"路漫漫其修远兮"，奋斗正未有穷期。和谐校园文化建设的研究课题重大，意义重要，内涵丰富，是教育工作的一个永恒主题。和谐校园文化建设的实施方向正确，重点突出，是教育思想的根本转变和教育运行机制的全面更新。

我们出版的这套《和谐校园文化建设读本》，既有理论上的阐释，又有实践中的总结；既有学科领域的有益探索，又有教学管理方面的经验提炼；既有声情并茂的童年感悟；又有惟妙惟肖的机智幽默；既有古代哲人的至理名言，又有现代大师的谆谆教诲；既有自然科学各个领域的有趣知识；又有社会科学各个方面的启迪与感悟。笔触所及，涵盖了家庭教育、学校教育和社会教育的各个侧面以及教育教学工作的各个环节，全书立意深邃，观念新异，内容翔实，切合实际。

我们深信：广大中小学师生经过不平凡的奋斗历程，必将沐浴着时代的春风，吸吮着改革的甘露，认真地总结过去，正确地审视现在，科学地规划未来，以崭新的姿态向和谐校园文化建设的更高目标迈进。

让和谐校园文化之花灿然怒放！

本书编委会

目 录

先秦时期

秦汉时期

魏晋南北朝时期

隋唐五代时期

宋辽金时期

元明清时期

屈 原

投江报国——端午节的来历

屈原是我国古代著名的爱国诗人,他年纪轻轻就当了大官,深得楚怀王的信任。因此,他也视怀王为知己。

楚怀王到秦国去和谈的时候,被秦国扣押,秦王逼迫楚国割让土地才肯放楚怀王回国,楚国的大臣们听到国君被押,便拥立太子为新国君,拒绝割让土地。楚怀王在秦国被押了一年多,吃尽苦头。他冒险逃出咸阳,又被秦国派兵追捕了回去。他连气带病,没有多久就死在秦国。

楚国人因为楚怀王受秦国欺负,死在秦国,心里很不舒服。特别是屈原,更是气愤。他劝新王富国强兵,为怀王报仇雪耻。但他的建议不但没被采纳,反而招来了新任楚王的厌恶,后来楚王干脆将他流放到很偏远的南方地区。

屈原一心为国尽忠,却被排挤出去,感到

屈 原

(约前 340—约前 278),名平,字原,又自云名正则,字灵均。战国时期楚国人,我国历史上第一位伟大的浪漫主义诗人。主要作品为《离骚》《天问》《九歌》。西汉刘向编成《楚辞》,以屈原作品为主,因具有浓厚的楚国地方色彩,故称"楚辞",后世因此称这种诗体为"楚辞体"或"骚体"。《离骚》和《诗经》中的"国风"并称"风骚",成为文学的代名词。

非常郁闷。到了南方以后,他常常独自在江边徘徊叹息。有一天,屈原在江边遇见一位渔父。渔父对屈原说:"您不是楚国的大夫吗?怎么会沦落到这等地步呢?"屈原痛苦地说:"许多人都是肮脏的,只有我是个干净人;许多人都喝醉了,只有我还醒着。所以我被赶到这儿来了。"

公元前278年,秦国派大将白起去攻打楚国,打下了楚国的国都。屈原听到这个消息,伤心得放声大哭。他已经是62岁的老人了,知道楚国已经没有希望了,可他不愿意眼看着楚国被毁,自己的同胞落在敌人手里,就抱着一块大石头,跳到汨罗江里投江自杀了。

渔民和附近的庄稼人得到了这个信儿,赶紧划着小船去救屈原。一会儿工夫,好些小船争先恐后地赶来了。可是汪洋大水,哪儿有屈原的影儿啊?他们在汨罗江上捞了半天,到了哪儿也没把屈原找着。渔民挺难受,他们对着江面上祭祀了一会儿,把竹筒子里的米饭撒在水里,算是献给屈原的。

屈原雕像

传说,屈原投江这一天,正好是农历的五月初五。到后来,楚国人民为了不让水中的鱼虾把他的尸体吃掉,就在江上划着龙舟敲锣打鼓,希望能将鱼虾赶跑;还用粽叶包米饭,做成粽子,投入江中喂鱼虾。把五月初五称为端午节,也叫端阳节。这就是端午节划龙舟、吃粽子的由来。

不凡少年　刻苦求学

屈原自幼酷爱读书,加上天资聪颖,过目成诵,所以十来岁时已经学富五车,见识过人,是远近闻名的神童。父亲伯庸倾心于儒家学说,所以他要求屈原熟读《易经》和孔子、孟子所著的书。屈原虽也爱读儒家著作,但他还涉猎诸子百家,尤其喜欢读《庄子》和孙武、孙膑等人的兵家著作,就连楚地的民歌他也爱读。屈原白天读书,晚上还要和邻近的小伙伴一起习武,常年不辍。

可是,这个读书知礼的少年竟做了一件偷粮食的事。原来,秭归有一块像米仓一样的巨石,巨石下面有一个豁口,人们管它叫米仓口。老人说,这个米仓口原来可以流出米来,这些米只可解燃眉之急,不可取走。后来一个贪心的人把米仓口凿大了点,弄了好多米回去,到家一看,米全变成了沙子,从此这米仓口就再也没有米流出来了。

屈原半身画像

一次,屈原到这里玩耍,看到米仓口里不时地往外流着沙子,心想要是真能流出白米来,穷人不就可以避免饥肠辘辘之苦吗?思来想去,他有了主意……几天之后,有人忽然发现米仓口又流白米了,就在这时,父亲伯庸发现自家米仓内堆积的米缺了一小角儿,他觉得有点儿蹊跷,便在夜里暗中到米仓里去察看。当他发现偷米的人竟然是自己的儿子时,他心潮激荡,教育屈原要立下大志,好好读书,将来担当大任,救民于水火之中。

屈原深受父亲教诲,更加发愤读书。这时,他的家乡经常受到小股秦兵的骚扰,百姓不堪其苦。屈原便将附近的青年组织起来,编成一支"平寇队",日夜操练。在一个元宵节的晚上,他率"平寇队"智退秦兵。此事使屈原声名远播,于是他被推荐到京都郢城宗塾里去读书。在学习期间,屈原刻苦认真,孜孜不倦,很快成为一位百科全书式的人物。

宋 玉

宋玉与登徒子

话说春秋战国时期,楚国有个少年诗人,叫宋玉,长得是英俊潇洒,人见人爱。楚襄王爱他的文采,便把他召到宫里,封他为官。这宋玉得宠,引起了许多大官们的不满。有一天,有个叫登徒子的大夫,便跑到楚襄王面前,说宋玉的坏话。说他不过是个小白脸,仗着有点文才,油嘴滑舌,又很好色,襄王不该把他留在宫里。楚襄王一听,就急了,叫人找来宋玉,当面问他。

那宋玉也不知发生了什么事,匆匆赶来。这襄王一见他,就气不打一处来,气势汹汹地问道:"宋玉,登徒子向本王说你好色,可有此事?"这宋玉一听,便知遭人暗算,大喊冤枉,辩解道:"大王不要听人乱说,臣哪里好色呀?登徒子自己才好色呢。"这楚襄王一听,也糊涂了,搞不清楚到底谁是色狼,就问宋玉:"你说你不好色,有何证据?说登徒子好色,又有什么证据?答出来便留下,说不出来就卷铺盖走人。"这样一问,这宋玉还真答不上来。不过,人家到底是文学家,出口成章的,眼珠一转,便计上心头,编了一

宋 玉

(前298—前222),又名子渊,相传他是屈原的学生,汉族,战国时鄢(今襄樊宜城)人。曾事楚襄王。好辞赋,为屈原之后辞赋家,与唐勒、景差齐名。相传所作辞赋甚多,《汉书·卷三十·艺文志第十》录有赋16篇,今多亡逸。流传作品有《九辩》《风赋》《高唐赋》《登徒子好色赋》等,但后三篇有人怀疑不是他所作。所谓"下里巴人""阳春白雪""曲高和寡"的典故皆由他而来。战国后期楚国辞赋家。

个小故事说给襄王听。

"说是这天下美女最多的，莫过于楚国，楚国最美丽的女孩子，却都出在臣的家乡，臣的家乡最美的少女，又非邻居家那位小姐莫属。这位小姐呀，身材是恰到好处，增一分太长，减一分太矮；论其肤色，若涂上脂粉则嫌太白，施加朱红又嫌太赤，真是生得恰到好处；她的眉毛，就像翠鸟的羽毛一样好看；肌肤像白雪一样莹洁，腰身纤细如裹上素帛；牙齿整齐有如一连串小贝，甜美地一笑，足可以使阳城和下蔡一带的人们为之迷醉和倾倒。这样一位姿色绝伦的美女，趴在墙上偷看了臣三年，而臣至今仍未答应和她交往。登徒子却不是这样，他的妻子蓬头垢面，耳朵挛缩，嘴唇外翻而牙齿参差不齐，弯腰驼背，走路一瘸一拐，又患有疥疾和痔疮。这样一位丑陋的妇女，登徒子却很爱她，还和她生有五个孩子。请大王明察，究竟谁是好色之徒呢？"襄王想想，觉得宋玉说的确有道理，于是点头让他留下。

这下子可苦了登徒子，害人不成，反被宋玉倒打一耙，诬陷为色狼。从此后，人们便称好色的人为"登徒浪子"。

阳春白雪

战国时期的楚国有一个文学家叫宋玉，他也是楚国的大臣，常伴楚襄王游于兰台之宫。

有一次，楚襄王听到人们议论宋玉的行为不好，就把他找来问道："有些人对你的言行很不满意，你想想自己的为人有没有什么不端正的地方？"

宋玉是个很善于辞令的人，他给楚襄王讲了一个故事："在咱们楚国国都郢城，来了一个很会唱歌的人。开始，他唱《下里巴人》这样通俗的歌曲，有几千人都能随着他唱；后来，他唱《阳阿薤（xiè）露》这样比较文雅的曲子，跟随他唱的人只有几百人了；而当他开始唱《阳春白雪》这样高雅的曲子时,能够跟着他一起唱的人只有区区几十个而已!这是为什么呢?"宋玉看了一眼楚襄王,接着说,"这是因为曲子的格调越高,能够唱出来的人就越少。那些平庸的人,怎么能够理解我宋玉的行为呢?"楚襄王听了宋玉的话,觉得他说的也有些道理,于是就不再追究他了。

《阳春》和《白雪》是非常有名的两首古琴曲,古时的人们常以"阳春白雪"连称,所以也常被认为是一首古琴曲。在这个故事里,宋玉委婉地告诉楚王:一个人的品行越高洁,仿效他的人就越少。现在,"阳春白雪"一词已经成了高雅艺术作品的代名词。从这个故事中,还产生了一个成语——"下里巴人",比喻通俗的艺术作品。

宋玉与巫山神女

楚襄王是个喜欢游玩的好色鬼。有一次他在云梦泽看见很多水蒸气在翻腾变幻,这本来是自然现象,旁边的宋玉,为了邀宠,却硬说这是"巫山神女"。楚襄王继承了父王楚怀王的好色基因,赶紧问这是怎么回事。

巫山神女峰

宋玉说:"巫山神女是炎帝神农氏的小女儿,长得漂亮,害了相思病死了,就往来巫山之巅,以霸占男生为业。大禹也曾经跟她眉来眼去,她送给过大禹一本治水的书。先王楚怀王,也曾经邂逅了巫山神女。这个神女给楚怀王留了一个名片,说妾的地址在巫山之阳,且为朝云,暮为行雨,说完就不见了,看到的只是飘向巫山顶上去的一片云。"

楚襄王听宋玉说完,遂对神女也产生了无限的遐思,他命宋玉写了《高唐赋》《神女赋》两篇大赋,以表达自己对巫山神女的追思。

秦汉时期

司马相如

相如妙曲结文君

在中国的爱情故事中,司马相如与卓文君的故事流传很广。司马相如是西汉有名的辞赋家、音乐家,早年家贫,并不得志,父母双亡后寄住在好友县令王吉家里。卓文君的父亲卓王孙是当地的大富豪。卓文君当时仅17岁,其"眉色远望如山,脸际常若芙蓉,皮肤柔滑如脂",更兼她善琴,文采亦非凡。本来已许配给某一富家公子,不料那公子短命,未待成婚便辞世了,所以当时文君算是在家守寡。

卓王孙与王吉多有往来。某日,卓王孙在家宴请王吉,司马相如作为一个客人和乐手也在被请之列。席间,免不了要作赋奏乐。卓文君听见乐音悦耳,便前来大厅边上的帘后倾听。司马相如奏琴时窥见此女美貌非凡,心想可能是卓王孙之女,遂有心留情,于是奏了一首《凤求凰》。其诗曰:

凤兮凤兮归故乡,遨游四海求其凰。时未遇兮无所将,何悟今兮升斯堂!有艳淑女在闺房,室迩人遐毒我肠。何缘交颈为鸳鸯,胡颉颃兮共翱翔!凰兮凰兮从我栖,得托孳尾永为妃。交情通意心和谐,中夜相从知者谁?双翼俱起翻高飞,无感我思使余悲。

司马相如

(前179—前118),字长卿,蜀郡成都人,西汉辞赋家,著有《子虚赋》《上林赋》等。

卓文君也早就听说司马相如之才，今又见其相貌堂堂，才艺过人，其琴与诗中之求偶之意声声人心，于是心生爱慕。宴会散后，文君寻到相如，两人相谈甚欢，有意相好。但司马相如觉得自己落魄至此，无钱上门求亲，而其父卓王孙也势必不会同意，没办法，两人商量后便决定私奔。卓王孙非常生气，宣布与卓文君断绝父女关系。

司马相如带卓文君回到成都，生活窘迫，文君就把自己的头饰当了，又想了一个让其父资助的办法。他们来到临邛，临街开了一家酒铺，卓文君亲自当垆卖酒，司马相如则光着膀子与伙计们一起在大街上刷大缸。

卓王孙闻讯后，深以为耻，觉得没脸见人，就整天闭门不出。他的兄弟和长辈都劝他说："你只有一子二女，又并不缺少钱财。如今文君已经委身于司马相如，司马相如一时不愿到外面去求官，虽然家境清寒，但毕竟是个人才，文君的终身总算有了依托。而且，他还是我们县令的贵客，你怎么可以叫他如此难堪呢？"

卓王孙无可奈何，只得分给文君奴仆百人，铜钱百万，又把她出嫁时候的衣被财物一并送去。于是，卓文君和司马相如双双回到成都，过上了富足的生活。

东方朔

东方朔机智诙谐得高官

汉武帝即位初年,征召天下贤良,方正和有才之人纷纷上书应聘。名士东方朔也给汉武帝上书,上书用了3000片竹简,两个人才扛得起,武帝读了两个月才读完。在自我推荐书中,他说:"我东方朔少年时就失去了父母,依靠兄嫂的抚养长大成人。我13岁才读书,勤学刻苦,三个冬天读的文史书籍已经够用了。15岁学击剑,16岁学《诗》《书》,读了22万字。

19岁学孙吴兵法和战阵的摆布,懂得各种兵器的用法,以及作战时士兵进退的钲鼓。这方面的书也读了22万字,总共44万字。我钦佩子路的豪言。如今我已22岁,身高九尺三寸,双目炯炯有神,像明亮的珠子,牙齿洁白整齐得像编排的贝壳,勇敢像孟贲,敏捷像庆忌,廉俭像鲍叔,信义像尾生。我就是这样的人,够得上做天子的大臣吧!臣朔冒了死罪,再拜向上奏告。"

武帝读了东方朔自许自夸的推荐书,赞赏他的气概,命令他待诏在公车署中,但其职俸禄不多,也很难得到武帝的召见。

过了一段时间,他不满意目前的处境。一天他出游都中,见到一个

东方朔

(前154年—前93年),本姓张,字曼倩,西汉著名词赋家,在政治方面仕途也颇具天赋,他曾言政治得失,陈农战强国之计,但汉武帝始终把他当俳优看待,不得重用。东方朔一生著述甚丰,后人汇为《东方太中集》。

与他同职的侏儒,心生一计,就恐吓他道:"你的死期要到了!"

那侏儒问他为何,他说:"像你这样矮小的人,活在世上无益,你力不能耕作,也不能做官治理百姓,更不要说拿兵器到前方去作战。像你这样的人,无益于国家,只是活在世上糟蹋粮食,所以皇上一律要杀掉你们。"

侏儒听后大哭起来。东方朔对他说:"你不要哭,你找皇上去叩头谢罪就没事了。"

侏儒便在武帝经过的地方等待武帝,于辇前号泣叩首。武帝问:"为何哭?"侏儒说:"东方朔说皇上对我们这些矮小的人都要杀掉!"

武帝便让东方朔过来问他为什么要如此说。东方朔回答道:"臣朔活着要说这些话,死了也要说这些话。那矮子身长只有三尺多,一袋米的俸禄,钱240。我身高九尺多,却也只拿到一袋米的俸禄,钱240。那矮子饱得要死,我饿得发慌。陛下广求人才,您认为我讲的话对的,是个人才,就重用我;不是人才,也就罢退我,不要让我在这里浪费粮食。"

皇上听了哈哈大笑,便任命他为待诏金马门,这样他见到皇帝的机会就多了起来。

一天,武帝在宫里玩耍,把一只壁虎放在盂盆下要大臣们猜是何物。大臣们都猜不出。东方朔上前猜道:"它是龙吧,没有角;是蛇,却有脚,它跂(qí)跂脉脉地会在墙壁上爬行,这不是壁虎,就是四脚蛇!"

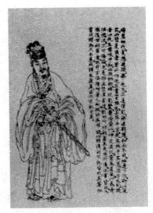

东方朔题跋全身像

皇上说:"是的!"便赐给他十匹缎子。接连又叫他猜,他都能猜中,得到很多的赏赐。

一年夏天,武帝下诏官员到宫里来领肉。等了好久,分肉的官员还未来,东方朔就自己拔出剑割了一大块肉,并对同僚们说:"大伏天,肉容易腐烂,大家快快拿回去吧!"

第二天，武帝对东方朔说："昨天赐肉，你为何不等诏书下来，擅自割肉归家，这是为什么？你要自作批评！"

东方朔说："朔来！朔来！受赐不等诏书下来，为何这样的无礼？拔剑割肉，为何这样勇敢？割得不多，为何如此廉俭？带回家给细君（即妻妾），又为何表现得如此的仁爱？"

汉武帝听后说："要你自作批评，倒是表扬起自己了！"但武帝觉得他很好玩，便又赏赐给他酒一石，肉100斤，他都拿回家去送给老婆。

汉武帝好大喜功，也喜欢臣下歌功颂德。一次，武帝问东方朔："先生以为朕是一位什么样的君主呢？"

东方朔回答说："圣上功德，超过三皇五帝，要不众多贤人怎么都辅佐您呢？譬如周公旦、邵公奭（shì）都来做丞相，孔丘来做御史大夫，姜子牙来做大将军……"东方朔一口气将古代32个治世能臣都说成了汉武帝的大臣。他语带讽刺，但又装出一副滑稽相，使汉武帝欲恨不能，笑恨之余又确实感到自己不如圣王。

曹　操

曹操妙计避惩罚

曹操小时候沉迷于打猎、歌舞这些玩乐的事，对当时每个孩子都要学习的死板学问、无聊诗文不感兴趣。曹操有个叔叔，看不惯他的放纵行为，经常向曹操的父亲打小报告。曹操因此没少受父亲的责骂，所以他很想让叔叔吃点苦头。

一天，曹操正在玩耍，见叔叔又一本正经地向自己走来，就突然躺在地上，四肢抽搐乱颤，两眼翻白望天，口吐白沫不止。

叔叔一见大惊，急匆匆跑去告诉曹操的父亲曹嵩说，曹操因贪玩过度，在院中病倒了，而且病得不轻，似乎已有生命危险。

曹　操

(155—220)，字孟德，小名阿瞒，沛国谯(今安徽亳州)人。三国时政治家、军事家、诗人。死后被他的儿子追尊为魏武帝。他的诗歌有《观沧海》《蒿里行》《龟虽寿》等篇，诗中抒发自己的政治抱负，并反映东汉末年人民的苦难生活。

曹嵩慌忙赶到院中，却见曹操正好端端地坐在那里读书，丝毫没有患病的迹象，便问道："孩子，你现在可好了？刚才是不是病得很厉害，你叔叔说你昏在地上直吐白沫？"

曹操对父亲说："谁说我病了？我一直在这儿看书。是叔叔对您说的吧！我知道叔叔不喜欢我，可能是由于我前些时候太贪玩了。可他今天却是故意告状、歪曲事实。"

曹嵩扫了自己的弟弟一眼，什么也没说，掉头走了。曹操冲叔叔吐了吐舌头，将那本发黄的书扔出很远，蹦蹦跳跳地跑去玩了。

后来，叔叔再到曹嵩面前告状，曹嵩就不再相信他的话了。

从那以后，曹操凭自己的喜好学习所需知识，以兴趣决定事情取舍，不再受那些死板的条条框框的束缚，自由地长大成人。

孟德割发严治军

我们常说组织领导者要"严于律己"，其实就是对自己要求得严格，国有国法，家有家规，组织也有自己的纪律，个人也有自己的做人准则。这里的准则其实就是对自己的高要求，严格要求自己，做到自我批评和自我检讨，但这对很多人来说都是比较难的。

东汉末年，"挟天子以令诸侯"的曹操统一了北方以后，看到中原一带由于多年战乱，人民四处流散，田地荒芜，就采纳部将的建议，下令让军队的士兵和老百姓实行屯田。很快，荒芜的土地种上了庄稼，收获了大批的粮食。有了粮食，老百姓安居乐业了，军队也有了充足的军粮，为进一步统一全国打下了物质基础。看到这一切，大家都很高兴。可是，有些士兵不懂得爱护庄稼，常有人在庄稼地里乱跑、踩坏庄稼。曹操知道后很生气，他下了一道极其严厉的命令：全军将士，一律不得践踏庄稼，违令者斩！

将士们都知道曹操一向军令如山，令出必行，令禁必止，决不姑息宽容。所以此令一下，将士们小心谨慎，唯恐犯了军纪。将士们操练、行军经过庄稼地旁边的时候，总是小心翼翼地通过。有时，将士们看到路旁有倒伏的庄稼，还会过去把它扶起来。

有一次，曹操率领士兵们去打仗，那时候正好是小麦快成熟的季节。曹操骑在马上，望着一望无际的金黄色的麦浪，心里十分高兴。

正当曹操骑在马上边走边想问题的时候，突然"扑棱棱"一声，从路旁的草丛里蹿出几只野鸡，从曹操的马头上飞过。曹操的马没有防备，被这突如其来的情况吓惊了，马嘶叫着狂奔起来，跑进了附近的麦子地。等到曹操使劲勒住了惊马时，地里的麦子已经被踩倒了一大片。看到眼前的情景，曹操把执法官叫了来，十分认真地对他说："今天，我的马踩坏了麦田，违犯了军纪，请你按照军法给我治罪吧！"

听了曹操的话，执法官犯了难，按照曹操制定的军纪，踩坏了庄稼是要治死罪的。可是，曹操是主帅，军纪也是他制定的，怎么能治他的罪呢？想到这儿，执法官对曹操说："丞相，按照古制'刑不上大夫'，您是不必领罪的。"

"不行！"曹操说，"如果大夫以上的高官都可以不受法令的约束，那法令还有什么用处？何况这糟蹋了庄稼要治死罪的军令是我下的，如果我自己不执行，怎么能让将士们去执行呢？"

"这……"执法官迟疑了一下，又说，"丞相，您的马是受到惊吓才冲入麦田的，并不是您有意违犯军纪，踩坏庄稼的，这处罚还是免了吧！"

"不！这绝对不行！军令就是军令，不能分什么有意无意，如果大家违犯了军纪，都去找一些理由来免于处罚，那军令不就成了一纸空文了吗？军纪人人都得遵守，我怎么能例外呢？"

执法官头上冒出了汗，他想了想又说："丞相，您是全军的主帅，如果按军令从事，那谁来指挥打仗呢？再说，朝廷不能没有丞相，老百姓也不能没有您哪！"众将官见执法官这样说，也纷纷上前哀求，请曹操不要处罚自己。

曹操见大家求情，沉思了一会儿，说："那好吧，我想了想，因为我是主帅，治死罪也不恰当，不过，死罪能免，活罪却不能免，我想就用我的头发来代替我的首级吧！"说完他拔出了宝剑，割下了自己的一绺头发，掷在地上，以代斩首，接着又下令传谕三军：统帅战马践踏麦苗，本当斩首，众将不允，遂割发代首，务望全军将士严守军法。

曹操雕像

接着，曹操手下的将士们都得知了这件事，他们都十分佩服曹操，觉得他这招玩得高明，但自己不是统帅，不能像曹操一样割发代首，还是自觉遵守纪律，别践踏麦田了。不久，曹操统率这支严格训练、严明军纪的两万精兵，一举击败袁绍十万大军，取得了官渡之战的胜利。

魏晋南北朝时期

曹 植

七步成诗巧脱危

曹操死后,他的大儿子曹丕做了魏王,掌握朝政大权。曹丕即位后,有人向他告发他的弟弟曹植经常喝酒骂人,还把他派去的使者扣押了起来。曹丕早就看曹植不顺眼了,立即派人将他抓到都城里审问。

原来,曹丕和曹植都是曹操的正妻卞后生的。曹植从小就聪明非凡,十几岁时就出口成章,才华出众。因此,曹操对他特别宠爱,曾多次想封他为世子,但是有些大臣认为应该立长子为世子,所以曹操一直决定不下来。

曹 植

(192—232),字子建,三国时期曹魏诗人、文学家,建安文学的代表人物。他是魏武帝曹操之子、魏文帝曹丕之弟,生前曾为陈王。

曹丕怕自己地位不稳,想方设法讨曹操欢心。有一次,曹操出外打仗,曹丕、曹植都去送行。临别的时候,曹植当场念了一段颂扬曹操功德的文章。在场的大臣听完后,都十分赞赏。有人在曹丕耳边小声说:"大王要离开了,你只要表现出伤心就行了。"曹丕果然抹着眼泪向曹操告别,曹操很感动,也掉下了泪。这件事使曹操觉得曹丕文才虽然不如曹植,但是心地善良,对他有感情。又因为左右侍从被曹丕收买后替他说好话的人不少,曹操对曹植的宠爱就渐渐淡了。

曹丕做了魏王以后，仍旧猜忌曹植。这一次，他想趁机处死曹植。卞后知道后，连忙劝说他要宽恕弟弟。曹丕虽然表面答应，但还是把曹植召来，故意刁难他，要他在走完七步的时间里作出一首诗。如果做得出，就免他一死，曹植略略思索一下，就迈开步子，走一步，念一句，随口念出了一首诗：

　　　　煮豆燃豆萁，豆在釜中泣。本是同根生，相煎何太急？

　　曹丕听了以后，不仅无话可说，而且觉得自己对弟弟太狠心，深感惭愧。因为曹植出口成章的本领，非凡的咏诗才华，使得魏文帝曹丕自愧不如，而且由于诗中以浅显生动的比喻说明兄弟本为手足，不应互相猜忌与怨恨，晓之以大义，更令曹丕羞愧万分、无地自容，于是免去了曹植的死罪。

传世名画《洛神赋图》

　　后来，曹丕与曹植一起治理国家，让国家越来越兴旺，越来越昌荣。这首诗也被后人流传至今，千百年来已成为人们劝诫避免兄弟阋墙、自相残杀的普遍用语，说明此诗在人民中流传极广。

陶渊明

陶渊明不为五斗米折腰

陶渊明又叫陶潜，是我国古代著名的田园诗人。他年轻时曾做过州里的小官吏，可是由于看不惯官场上的那套作风，做了几天就辞职了。41岁时，他又被推荐到彭泽当了县令。

有一天，一个衙役向他禀报，说："大人，九江太守派督邮张大人来本县巡察，很快就要到府衙了，大人快去迎接吧。"

陶渊明知道这位督邮张大人，他本是彭泽县的一个富家子弟，整天游手好闲，仗着家里有钱，成了九江太守的亲信。陶渊明最瞧不起这种人，可他是上司派来的，迎接的礼数不能少。陶渊明刚要迈步出去，却被衙役拦住。衙役对他说："大人，您得换上官服正式参拜，不然，张大人会怪罪的。"

陶渊明

（365或372或376—427），又名潜，字元亮，自号五柳先生，私谥靖节，浔阳柴桑（今江西九江）人，东晋诗人。我国第一位杰出的田园诗人。有《陶渊明集》，代表作有《桃花源记》《归去来兮辞》《归园田居》《饮酒》等。

原来，陶渊明只穿着便服。可他听了衙役的话，不由得怒气上涌，怒气冲冲地说："我还不至于为了五斗米去对这种乡里小儿点头哈腰，我这就辞官回老家去。"说完，陶渊明把官印往案上一丢，带着自己的衣物，乘上小船，回家乡去了。

陶渊明回家以后，在自己家门前种了五棵柳树，自称"五柳先生"，又开垦了一块荒地，种上粮食、蔬菜和花草，靠自己的劳动来生活。他一边耕种，一边写诗作赋，写出来的诗富有田园气息。归田后的20多年，是他创作最丰富的时期，他的诗文辞赋，在中国文学史上占据了重要的地位。

辞官归田　感悟生活

从彭泽辞官归田这件事对陶渊明来说，无论在政治上、生活上还是诗歌创作上，都是一件大事。他为此而有过很长一段时间的思想斗争，经过不断的思索和反省，终于从思想上明确了归田的道路。陶渊明回家后，特写了一篇《归去来兮辞》，表述自己对这个问题的认识及有关的生活情况。

陶渊明归田后，写诗就成了他生活中的一个重要部分。诗的内容也往往和他的生活密切相关。他留下的诗有120多首，田园诗在其中占了重要地位。在归田之初，陶渊明写了《归园田居》5首。他在诗中描绘了清新优美的田园风光，述说了亲自参加农业劳动的感受，像这样的内容，在其他诗人的作品中是很难找到的。但陶渊明究竟不是一个普通农民，他有自己的爱好，有自己的交游环境，这些都可说是旧习。陶渊明对比并不讳言，并述于辞文中。陶渊明的诗平淡自然，在当时讲究辞藻的诗坛中独具特色。

陶渊明的散文，数量虽然不多，但都写得清新而有情致，不少是脍炙人口的名篇。《五柳先生传》是仿史传体而写的一篇人物传记。传中的五柳先生，"闲静少言，不慕荣利"，"好读书，不求甚解"，这正是作者自己的影子。《桃花源记》是《桃花源诗》的序，只用三百多字，就鲜明生动地勾画出了一幅理想社会的生活图景。这篇散文文笔优美，语言精练，想象丰富，是古代散文中的经典之作。

陶渊明在诗歌史上的重大贡献在于他开创了新的审美领域，为中国古代诗歌的创作拓展出一个新的艺术境界，为艺术宝库增添了一个珍品——田园诗。陶渊明以后，田园诗不断发展，形成山水田园派，因而，陶渊明被后人尊称为"田园诗之父"。

卢思道

戏说故事

  卢思道，北朝范阳人，今保定市涿州人，和刘备是老乡。说起来，他恐怕是中国古代读书人中最有资格领世界吉尼斯之"做官最多奖"的了。他最早做司空行参军，长兼员外散骑侍郎，直中书省；接着担任丞相西阁祭酒，历太子舍人、司徒录事参军；数年后，复为京畿主簿，历主客郎、给事黄门侍郎，待诏文林馆。在周武帝平定北齐后，又授之仪同三司，后除掌教上士，再迁武阳太守；晚年卢思道辞官后又被征召，奉诏郊劳陈使；最后死在散骑侍郎，奏内史侍郎事任上。由此看来，单单凭借卢公官职之多（虽然都是小官），且调任之频繁（虽然都是平级调动）的压倒性优势，就实在是该奖得主的不二人选。那么究竟是什么原因导致他终生不得志、一辈子辗转流离、沉沦下僚呢？主要就是因为他性格上的偏激固执和恃才傲物。

  卢思道从小就聪明善辩、洒脱不羁，在他16岁的时候却触了他平生的第一个大霉头。某一天，他在一个山涧旁遇到了中山人刘松，刘松这个人，工于镌刻碑铭，一看到卢思道斜着眼背着手瞧着他做事的样子就决心要奚落奚落他。于是刘松随便指着一块刻好了的

卢思道

（531—582），北朝、隋之初诗人，字子行，范阳（今河北涿州）人。年轻时师事"北朝三才"之一邢邵（字子才），以才学重于当时，仕于北齐。齐文宣帝卒，朝臣各作挽歌10首，择善者用之，思道十得其八，时称"八米卢郎"。北齐末待诏文林馆，北周灭齐后入长安，官至散骑侍郎，隋开皇元年卒。一生的主要文学活动在北朝。

碑文对卢思道说:"能看得懂吗,小子?"卢思道捧起来盯着看了半天也看不出个所以然来,接着就一言不发地低着头走了,背后理所当然地传来了刘松的哈哈大笑声。从此,卢思道关起门来,发奋读书,并拜当时著名诗人邢邵为师,果然不出几年,学问大进,义理精通。

卢思道诗书满腹学成归来之后,第一件事情就是极尽他全部的才思做了一篇华美绝伦的文章,紧接着下一步就是在第一时间内找到了那个当初伤尽了他的心而现在又满脸无辜的刘松,将文章扔到刘松面前:"读读!"现在轮到这个可怜的刘松倒霉了,刘松颤抖着手从地上捡起文章,硬着头皮看了一遍,然后摇摇头,"看不懂……""看不懂?"卢思道长叹一口气(史书上记载的是"喟然叹曰",喟然这一举动,值得品味)道:"我这几年的学习嘛,还是有益处的,难道是白白浪费光阴吗?"(学之有益,岂徒然哉!)学习当然不算浪费光阴,这句话的言外之意就是我卢思道之所以努力拼命学习这几年的目的,不是为别的,就是为了报复你刘松当年那恶言相辱之仇!

唉,就冲上面这句充满狭隘自负之情的话,卢思道以后的一切遭遇就都可以知道了。这还真应了西方一个成功学家说的一句话:性格决定命运!所谓前事不忘,后事之师,我们一定要引以为鉴,避免重蹈覆辙。最后借用杜牧的一句话:

秦人不暇自哀,而后人哀之;后人哀之而不鉴之,亦使后人而复哀后人也!

薛道衡

不善谋身

出身世家，天资早慧，成人后文名大著，与卢思道、李德林齐名，为一代文章宗师的薛道衡，历仕北齐、北周和隋三朝，在每一朝都主要从事秘书工作，一生的大部分时间是在秘书岗位上度过的。他写文章用心很专，"每至构文，必隐坐空斋，蹋壁而卧，闻户外有人便怒"；每有文章写出，人们"无不吟诵焉"。隋文帝杨坚每次谈到他，总是说："薛道衡作文书称我意。"

薛道衡不仅善于作文，而且善于谋事，是一个很有政治远见和军事谋略的人。北齐末年，薛道衡多次建议执政者采取对策，以防北周侵犯，遗憾的是这一极具政治远见的意见未被执政者所采纳，后来北齐果然为北周所灭。开皇八年(588)三月隋文帝下令伐陈后，担负指挥重任的高颎特意找到薛道衡，要他分析和预测战争形势，薛道衡纵论

薛道衡

(540—609)，隋代诗人，字玄卿，汉族，河东汾阴(今山西万荣)人。历仕北齐、北周。隋朝建立后，任内史侍郎，加开府仪同三司。炀帝时，初为番州刺史，改任司隶大夫。他和卢思道齐名，在隋代诗人中艺术成就最高。有集30卷已逸。今存《薛司隶集》一卷。《先秦汉魏晋南北朝诗》录存其诗二十余首，《全上古三代秦汉三国六朝文》录存其文8篇。事迹见《隋书》《北史》本传。

天下态势,明确指出隋必胜、陈必亡,从而彻底打消了高颎心头的疑虑。高颎对薛道衡说:"君言成败,事理分明,吾今豁然矣。本以才学相期,不意筹略乃尔。"

然而人有所长,必有所短,薛道衡也是如此。薛道衡的"短",用隋文帝杨坚的话说,就是"迂诞",也就是为人迂阔,不得"转"。隋文帝曾经多次对他"诫之以迂诞",然而薛道衡就是改不了(更准确地说是不愿改),结果由此得祸。隋文帝开皇年间,薛道衡因受株连除名,流放岭南。晋王杨广(即后来的隋炀帝)时任扬州总管,想拉拢他,便派人传话,要他取道扬州去岭南,打算启奏文帝,把他留在自己身边。然而薛道衡历来看不惯杨广的为人,不乐意去晋王府工作,于是取道江陵而去,不给杨广面子。杨广即位后,仍旧对薛道衡存有一丝敬慕之心,外放他到番州去做刺史。薛道衡又不与杨广合作,只过了一年多,便上表请求致仕(退休)。杨广同意他回京,并打算留他做秘书监。薛道衡到京后,却呈上一篇长文《高祖文皇帝颂》,对已仙逝的隋文帝极尽赞颂之词。杨广读了此文,气得要命,对大臣苏威说:"薛道衡极力赞美先朝,和《鱼藻》的用意相同。"《鱼藻》是《诗经》中的作品,据说是借怀念武王来讽刺幽王的。但杨广隐忍未发,只是安排薛道衡去做司隶大夫,然后找机会给他安上一个罪名,治他的罪。可是薛道衡一点也没有去想自己的处境有什么不妙。司隶刺史房彦谦是薛道衡的朋友,眼看薛道衡将大难临头,便劝他"杜绝宾客,卑辞下气",要他夹紧尾巴做人,他也不听。有一次,朝廷议定新的律令,议论了许久也没有结果,薛道衡便对同僚说:"要是高颎不死,新律早就制定并且颁布实行了!"高颎是文帝朝宰相,相当能干,后因得罪杨广被处死。此话传到杨广耳中,他怒不可遏,当即把薛道衡传来责问:"你怀念高颎吗?"于是下令逮捕他,并给他安上一个"悖逆"的罪名,命他自尽。他的妻子儿女也跟着倒霉,被流放到新疆的且末。

薛道衡如此"迂诞",总不给杨广面子,他由此得祸,虽然让人深感痛惜,却不使人觉得意外。只是给他定一个"悖逆"的罪名,显然是"欲加之罪,何患无辞"。他一介书生,手无一兵一卒,怎么可能心怀叛逆和起兵造反?他无非是不愿意讨好人,不知道卖身投靠罢了!他如果处世圆滑,善于阿谀奉承,不用心琢磨事而专心琢磨人,当然不会如此"迂诞",也不会遭此大祸了。薛道衡的悲剧,与其说是他个人的悲剧,倒不如说是旧时代忠直耿介之士的共同悲剧。

说到薛道衡的"迂",《隋唐嘉话》等野史笔记记载的咏诗一事,倒是很能反映他的性格特点。隋炀帝杨广爱好文学,才华横溢,他曾对臣下说:"人们都认为我是靠父祖的原因当上皇帝的,即使让我同士大夫比试才学,我还是天子。"在这种思想的支配下,他自然不能容忍别的文士在诗文上超过自己。有一次,朝廷聚会上,有人出题以"泥"字押韵,众大臣苦思冥想而不见佳作,隋炀帝便作了一首押"泥"字韵的诗,众大臣惊叹不已。薛道衡也作了一首以"泥"字押韵的诗,为所和之诗最佳,其中以"空梁落燕泥"一句尤受激赏,众大臣惊叹不已,高呼厉害。这当然使隋炀帝嫉妒。据说薛道衡临刑前,炀帝曾问他:"更能作'空梁落燕泥'否?"后人依据此记载,把薛道衡之死看做诗祸,虽然完全不符合事实,但由此也可说明薛道衡的个性的确狷介,不善于矫饰,更不愿意扭曲本性投人所好,这当然也是一种"迂诞"的表现。

杨 素

杨素与口吃者斗趣

隋朝重臣杨素出身士族，祖父杨暄，官至北魏辅国将军、谏议大夫。父亲杨敷，为北周汾州刺史。杨素为人有大志，知识渊博，在文学、书法上均有造诣。

当时有一个很聪明的读书人，但这人却是个口吃，杨素却喜欢和他谈天说地。有一次，杨素和这个口吃者谈天时想暗中故意为难他，便对他说："如果某时别人突然降命于你，让你做将军，镇守一个小城，士兵不过千人，粮备只够几天，城外敌兵数万，你将如何对待呢？"

杨 素

(544—606)，字处道，汉族，弘农华阴(今属陕西)人。隋朝权臣、诗人，杰出的军事家、统帅。

这人口吃着问："有……有没有救……救兵呢？"

杨素说："正是因为没有救兵，所以才向你询问呢！"

这人说："如……如果按你说的那……那就非……非败不可了。"

杨素大笑起来，接着又问这人："有一个一丈深的大坑，假如你掉进去了，你如何出来呢？"

这人沉思一会儿问："有……有梯子没有？"

杨素说："有梯子还问你干什么？"

这人想了下又问："是白……白天，还是夜……夜晚？"

杨素说:"这与白天、夜晚有什么关系?"

这人说:"若……若不是夜晚,眼又不瞎,为……为何会掉到坑里去呢?"

杨素听了又大笑起来。到了腊月,杨素见到这人又问:"家人被蛇咬伤,怎么治疗呢?"

这人说:"取……取五……五月五日南墙下面的雪……雪涂抹伤处,就可治好了。"

杨素说:"五月哪里有雪呢?"

这人说:"要……要是五月无雪,腊……腊月怎么会有蛇呢?"

杨素再度大笑起来,觉得自己故意颠三倒四、前后矛盾的提问逗得这人痴而可爱的答话充满了意趣。

杨素蜡像

杨素与此人的一番谈话,杨素俱自相矛盾。谈话中他给人一座小城,兵粮俱寡,而敌兵又众,在绝对悬殊的情况下,哪有起死回生的可能呢?他又问人腊月被蛇咬,何药何术可治,冬天又哪有活动的蛇呢?这种两相矛盾的问题谁也回答不了。而那个口吃的人虽然结巴,但还是很机智的。

卢照邻

睡在坟墓里的卢照邻

卢照邻做邓王的书记官时,因为他出众的才华而深得邓王喜爱,邓王时常对人说:"卢照邻就是我的司马相如啊!"

不幸的是卢照邻的身体很差,年纪轻轻的就患上了风湿症,病痛常使他四肢无力,苦不堪言。后来他的病情越来越重,卢照邻不得不辞了官,去太白山里造了几间草房子养病。

卢照邻

(约 630—680 后),初唐诗人,字升之,号幽忧子,幽州范阳(今河北涿县)人。与王勃、骆宾王、杨炯并称为"初唐四杰",诗作中多抒发愤懑忧伤的情绪。后人集有《幽忧子集》,存诗九十余首。其诗多次入选《文苑英华》《唐诗品汇》等各种古代诗歌版本中,代表作有《长安古意》《曲池荷》《行路难》等。

卢照邻住进山里之后,正巧有一位神通广大的方士路过太白山,听说卢照邻的病情后,特意给他配了一些膏药,让卢照邻服用,并嘱咐他说:"这药十分有效,只要你按时服用定会有效。但服药后切忌伤心过度,如果你情绪很差的话,这药就会失效的。"

卢照邻依照方士的话去做,有一段时间,他的病情真的轻了许多,感觉身上也有些力气了,行动方便得多了。

可是几个月后,卢照邻的父亲去世了,卢照邻天天痛哭不止,伤心极了,以至于把吃下去的药全都吐了出来,从那以后,卢照邻的病情就更严重了。为了治好卢照邻的病,他的家人把所有的钱都拿出来给他买药吃,弄得卢家贫困不堪,连一日三餐都很难保证,只有靠朋友们的接济才能过日子。卢照邻就想了个办法:何不自己搬到**更偏远**无人的深山里去,一边养病,一边种草药和庄稼,日子不就好过了吗?

卢照邻带着家人把家搬到偏僻的具茨山下,他的儿女们开了数十亩荒地,种满了草药和谷物,吃饭的问题就解决了。为了浇灌庄稼,卢家还挖了一条小渠环绕着自家的房舍,把颍河水引了过来,看着自家的日子一天天好起来,卢照邻的心情也好转了许多。

在这一片美景之中,卢照邻突发奇想,反正人早晚都是要住进坟墓里的,何不早一些在河边给自己修造坟墓,自己干脆躺在坟墓里,看风景,听山泉,修身养性,岂不是一件乐事吗?

卢照邻果然给自己修了一座圆形的大墓,住进了坟墓里,他在这座大墓里看书写诗,倒也十分快活。每到春秋时节,山里绿树红花、云雾缭绕,卢照邻就在家人的搀扶下走出大墓,坐在高处看风景。

如果有人劝他从坟墓里搬出来,卢照邻就会说:"反正我迟早也要进这里去的,早一天进去适应一下也好。"

就在这座坟墓里,卢照邻写下了著名的《五悲文》。

转眼十多年过去了,卢照邻已在大墓里住了十多年了,他的病并没有因为进山疗养而好转,风湿症已使他的手足痉挛得缩在一起,如同鸡爪子一样,他每天都要忍受着巨大的痛苦,且行动十分不便。

远处层峦起伏,近处鸟语花香,大自然展示给他的是十分美好的风光,似乎只有卢照邻自己是不健康的,这让他痛苦万分。

这一年的春天,卢照邻已 52 岁。

此时的卢照邻已完全绝望了,他知道自己的病再也不会好转,活着只能拖累全家,而他也不想再忍受这些巨大的痛苦。终于有一天,他趁着无人之际,慢慢地爬出自己睡了多年的大墓,给家人写下了一封遗书,然后慢慢地、一步一步地走向家门不远处的颍河,最后一狠心,跳水自尽了。

李 峤

李峤的诗让唐玄宗落泪

天宝末年,曾红极一时的太平皇帝唐玄宗已入暮年。他把帝位让给了儿子李亨之后,已闲居多年,无事可做。当年跟随在他身边的那些大臣们宦官们老的老死的死,现在经常陪着他的,也只有高力士一人了。

这天晚上,唐玄宗见月色正好,就乘兴登上宫里的花萼楼。这里曾是当年唐玄宗料理国事召开大会会见群臣的地方,也是和杨贵妃歌舞娱乐欢宴群臣的地方。站在月光皎皎的花萼楼上,那么多的往事朝唐玄宗袭来。

善于察言观色的高力士,早就在花萼楼里为唐玄宗安排好了梨园乐手,想为唐玄宗的这次赏月助兴演唱。

趁着这明媚的月色,高力士轻轻一拍手,乐师们便开始演奏,他们也似乎体会到了唐玄宗此时的心情,故意选了一首几十年前的老歌词唱道:

李 峤

(645—714),初唐诗人,散文家,字巨山,赵州赞皇(今属河北)人。二十岁中进士,历仕高宗、武后、中宗三朝。官至中书令,监察御史。玄宗即位贬为庐州别驾。诗多咏物之作,与同乡苏味道齐名,合称"苏李"。又与苏味道、崔融、杜审言并称"文章四友",曾领衔修撰《三教珠英》。在李峤晚年的时候,他的文章在唐朝特别盛行,人称文章宿老,学者都以李峤的散文为楷模。《全唐诗》录其诗五卷,代表作有《宝剑篇》《杂咏诗》《长宁公主东庄侍宴》《汾阴行》《晚秋喜雨》等。

山川满目泪沾衣,富贵荣华能几时。

不见只今汾水上,唯有年年秋雁飞。

听了这首歌,唐玄宗心中更是感慨万端,他摸摸自己的头发,头发早已花白,再看看自己的胡须,胡须已老长。花萼楼虽然还是当年的花萼楼,但那些故人老友都已不在了,唐玄宗表情悲伤地说:"真是老了! 再也不会有那些好时光了!"

说罢就回头问身后的人:"这唱的是谁的诗,我怎么想不起来了呢?"

有人回答道:"是李峤的诗,诗名叫《汾阴行》!"

"好诗啊! 李峤真是天才,可惜我没有好好对待他!"唐玄宗又是一声长叹,没等音乐奏完,他就站起身走了。

一年之后的秋天,唐玄宗来到四川游玩。这里曾经是他在安史之乱中的避乱之地,也是他最伤心的地方。一路行来,唐玄宗登上了白卫岭,他久久地站在风里,看着这优美而又让人伤心的景色,长时间不说话。

山上亭阁里,乐师们又演奏歌曲为唐玄宗助兴,不知是巧合还是别的原因,乐师们演奏的还是那首李峤的《汾阴行》。伴随着缓缓而起的音乐声,乐师们轻柔地低声唱道:

自从天子向秦关,玉辇金车不复还。

珠帘羽扇长寂寞,鼎湖龙髯安可攀。

听到逸熟悉的曲子,唐玄宗不一会儿又是泪流满面。他长叹又长叹后说:"李峤真是才子啊,是天下少有的真才子啊! 只有李峤,才能写出如此好诗!"

说着,唐玄宗的泪滴在长袍上。

当时,年老的高力士正站在唐玄宗的身后,他看到年老的皇上如此伤心,也忍不住泪如雨下,君臣二人站在山顶上,痛哭了很久。

刘希夷

刘希夷为两句诗丧命

　　天生一副清秀面容的刘希夷,性格开朗,语言风趣,还弹得一手好琵琶,虽然他的诗名并不算大,但在朋友眼里,刘希夷是个招人喜爱的小伙子。

　　这一年春天,正值春暖花开的季节,刘希夷来到洛阳城的大花园里赏花。千姿百态的花丛里,刘希夷突然看到了一位白发苍苍的老人慢慢行走着,似乎在回忆自己的青春岁月。

　　不知为什么,刘希夷被这位白发老人吸引了,他离开人群一直跟在这位老者身后,观察着老人的举动,看老人的白发在花丛的映照下,是那么刺眼,那么凄凉,看着看着,有两句诗突然跳进了刘希夷的心中:

　　　　年年岁岁花相似,
　　　　岁岁年年人不同。

　　刘希夷被这两句突然到来的好诗惊呆了,他再也顾不上赏花,匆匆忙忙跑回家里,把两句诗先写下来,不一会儿,刘希夷就写出了优美的《代悲白头翁》

刘希夷

(651—约 679),初唐诗人,字延之(也写作庭芝),汝州(今河南临汝)人。上元年进士,善弹琵琶。一生没有做过官,好饮酒,生活贫困,行为放纵。其诗以歌行体见长,写春景,也写从军诗。相传其舅舅宋之问见其名句欲据为己有,刘希夷不允,被宋之问用土壤压死。代表作有《代悲白头翁》《公子行》《将军行》《江南曲八首》等。特别是《代悲白头翁》一诗,是历代诗歌集必选篇目。

一诗。

刘希夷的舅舅就是当时闻名京城的大诗人宋之问,宋之问的诗名早已传遍了京城,随便走进哪一家京城里的歌舞酒楼,几乎都在传唱着宋之问的诗,宋之问为此得意非凡。这一天宋之问来到刘希夷的家里,想和外甥随便聊聊天。二人喝茶闲谈时,宋之问随便问了一句:"最近写了什么诗呀?"

刘希夷听舅舅这么一问,迫不及待地把自己刚写好的《代悲白头翁》拿出来给舅舅看。当宋之问读到"年年岁岁花相似,岁岁年年人不同"时,宋之问愣住了。

"这是你写的吗?真是两句绝妙好诗啊!"宋之问忍不住拍着桌子说。

刘希夷得到了舅舅的夸奖,脸上露出得意的表情。

"你写完这首诗,给没给别人看呢?"宋之问又说。

"还没有,我想再改改,舅舅您也给指点指点,然后再拿出去给别人看。"

"那就好办了!"宋之问像是松了一口气。他用很温和的口气对刘希夷说:"外甥你看,舅舅我身为大诗人,就应该时常写出些好诗句才对。可是这一阵子我公务太忙,也没顾得上写诗,你看看可不可以这样,你写的这两句诗还没被外人看到,可不可以算在我的名下呢?你还年轻,以后我再帮你写出好诗吧!"

刘希夷愣住了。

"我也可以给你十两银子,给你解决一点生活上的困难!"宋之问又说。

刘希夷没想到舅舅看了自己的诗会产生这样的想法,他好半天才说:"舅舅,让我再想想,你知道外甥我挺笨的,写出两句像样的诗也不容易,我看还是让我自己用吧!"

宋之问一看刘希夷不答应自己的要求,顿时沉下脸来,口气也严厉起来:"小子,你到不识抬举,我想要你的诗,你就得老老实实地给我!你留这两句诗一点用处也没有!只有到了我的名下,这两句诗才能够流传开来!告诉你,这件事你不能和任何人说,要不然的话,你小心点!"宋之问狠狠地摔了茶杯,站起身就走了。

可是刘希夷并没有把舅舅的话当回事,几天后和朋友喝酒时,刘希夷一高兴,就当众朗诵了这首《代悲白头翁》,果然博得了朋友们一片掌声,特别是那两句"年年岁岁花相似,岁岁年年人不同",更被朋友称之为千古名句,不可再得。

当然这件事很快就传到了宋之问的耳朵里,宋之问知道刘希夷的诗已传到外面,恨得咬牙切齿。他马上找来自家一个胆大妄为的用人,咬着耳朵商量了一番。

第二天,宋之问特地把刘希夷请到自己家,摆上一桌子好酒菜招待他。刘希夷一看舅舅这么高兴,以为舅舅已忘了那件不愉快的事情,也就放心地喝起酒来。

酒喝到半夜,刘希夷已醉得不省人事。用人把刘希夷背到客房里,宋之问对用人说了一句:"就按咱们说好的办吧!"转身就走了。

用人溜进花园里,那里有事先就准备好的一个大口袋,里面装满了土,用人把这个口袋背到客房里,压在刘希夷的头上,不一会儿,熟睡的刘希夷就被压死了。

因为两句好诗,年轻的刘希夷被他的舅舅活活地害死了。

虽然刘希夷死了,但他的两句诗却保住了,正像当初刘希夷所预想的那样,他正是因为这两句诗而流芳千古,被载入了文学史册。

宋之问

宋之问古寺院里遇怪僧

这一年的秋天，年轻的宋之问来到杭州的灵隐寺里游玩。

灵隐寺建于公元 326 年，坐落在杭州西湖西边的武林山下，灵隐寺旁边就是奇特的飞来峰，景色优美，是历代文人墨客的著名观赏地。

宋之问边走边看，沉醉在飞来峰的美景中，不知不觉已是傍晚时分。这时的飞来峰在夕阳的笼罩下金光闪闪，山上树木葱郁，流水潺潺，而庄严的灵隐寺在这奇异的景色里更显得神秘高贵。当晚，他住进了灵隐寺，想好好游玩欣赏一番，并想为灵隐寺写出一首好诗来。

夜深了，宋之问还没有睡去，他在月光下久久地徘徊着，脑子里苦苦地想着诗句，半夜时分，他终于想出了两句诗："鹫岭郁岧峣，龙宫锁寂寥。"

可是想出这两句诗后，宋之问却再也想不出下面的句子，他只得一遍一遍地在寺庙的院子里踱步，踏着满院的月光，一遍遍地苦吟着自己刚刚写出来的两句诗。

宋之问

（约 656—约 713），初唐诗人，又名少连，字延清.汾州西河（今属山西汾阳）人。上元进士，官至考功员外郎，所以人称"宋考功"。宋之问人格低下，做官时曾先后巴结讨好张易之和太平公主，颇为朝臣们反感，睿宗时被贬到钦州，后又赐死。诗多为歌功颂德之作，放逐途中的诗则表现了伤感情怀。诗与沈佺期齐名，合称"沈宋"。明人辑有《宋之问集》。诗多次入选各种版本的古代诗歌集中，也是大学、中小学课本的必选篇目。代表作有《题大庾岭北驿》《灵隐寺》《渡汉江》等。

这时，人们都在熟睡，只有月亮陪伴着苦苦吟诗的宋之问。

突然，宋之问听到有人在他身后问："年轻人，深夜不眠，为何还苦苦吟诗？"

宋之问吃惊地回头望去，只见月光下站着一位六十多岁的老僧人。老僧身材高大，气度不凡，一看就是阅历深有学问的人。

宋之问对老僧恭敬地行了一个礼说："老前辈，我看这么好的景色，正想趁着月光吟出一首诗来。不想只得了两句，就再也吟不下去，所以才不能睡去，想把这首诗写完。"

老僧又问："前两句是什么呀？"

听了宋之问的回答后，老僧沉吟片刻说："你看这样写好不好：楼观沧海日，门对浙江潮。"

"好诗啊！又对景，又押韵，真是难得的好诗！"宋之问惊喜地又深施一礼，对老僧人表示感谢。老僧人微微一笑，便消失在夜色深处不见了。

当晚，宋之问就写出了这首《灵隐寺》一诗，那无名老僧送给他的诗句天衣无缝地嵌在其中，成为全诗最亮眼的句子，也成了后世称颂的名句。

宋之问越吟越高兴，本想当晚就把刚写好的诗拿给老僧看的，可是夜实在太深了，他只好回房去休息。

第二天，宋之问起得晚了些，他一起床马上想起了昨晚的那位老僧，所以宋之问决定再住一天，把新写好的诗向老僧请教一下。

可是宋之问找遍整个寺院，也没有再见到那个老僧人。又去老僧的禅房里看看，也是空空的。宋之问向寺院里的人打听了一下，大家都说老僧人今天一早就下山去了，不知去了什么地方。

再细细地追问，有知情人告诉宋之问说：那老僧竟是初唐时失踪多年的大诗人骆宾王！

骆宾王不是早就死了吗？他怎么会出现在这里呢？

原来，二十多年前，徐敬业起兵讨伐武则天失败后，就和骆宾王一起逃走了。讨伐叛军的大将没有捉到徐敬业和骆宾王，怕担责任，就找了两个相貌和徐敬业、骆宾王很像的俘虏，割下他们的头回去冒名顶替。于是骆宾王就逃到了杭州的灵隐寺里落发为僧，一藏就是许多年。也许是那天晚上他听到宋之问吟诗，一时心动，才给宋之问接了下句，这样一来，他的身份就暴露了，骆宾王意识到这一点后，只好再次逃走，隐身别处去了。

"他这一去，不知道又将云游哪方，怕是也回不来了！"寺里的人都这么说。

"天啊，怪不得他出口成章，原来真是我的诗文前辈！可惜可惜，大好的求教机会被我错过了！"宋之问跺着脚连连叹息着。

沈佺期

沈佺期的诗从高楼飞下

这一年的正月，长安城里春花开得很早。皇家花园里的名贵鲜花在花工们的精心呵护下，更是花团锦簇，开得一片灿烂。

看到这一片好春光，唐中宗李显诗兴大发，他提议说："何不趁着这美好的春光，把长安城里的诗人们都召集起来，来一个赛诗会，也算是千古雅事！"

大臣们都说这主意真好，一来可以看看到底是谁的诗写得最好，二来也可以得些新词，好让乐工们谱曲演唱。

说干就干，几天后，皇家花园里就搭起了一座大高楼台。楼台上张灯结彩，布置得十分华丽。你问这高楼台做什么用？它就是皇上赏花赛诗时的评审台，皇上说了，到赛诗那天，要由宫里最知名的女诗人、女才子上官婉儿为大家评诗，上官婉儿就坐在这座高台上，给大家做评委。

沈佺期

（约 656—713），初唐诗人，字云卿，相州内黄（今属河南）人。上元二年进士。官至太子少詹事。诗与宋之问齐名，并称"沈宋"。他对律诗的写作贡献最大，七律在他手中成熟并光大。代表作有《杂诗三首》《独不见》《折杨柳》等。明人辑有《沈佺期集》。

到了这一天，皇家花园里可真是热闹，共有一百多位诗人接到了皇上的请柬，聚集在这里准备一显身手，其中就有当时十分著名的宫廷诗人沈佺期。上官婉儿已登上高台，正在高声宣布比赛规则："各位诗人可以先去花园里赏花,等比赛开始后一起来这里限时写诗,然后收上来评选。落选的诗稿会被丢下高楼台来,谁的诗稿保留到最后,谁就是当今的第一诗人!"

说完,众诗人马上散入花丛里赏花去了。两个小时之后,一声号响,一百多位诗人又回到高楼台下,准备写诗。

诗题是:奉和晦日幸昆明池应制。

高楼下一片安静,只听见毛笔刷刷响。"时间到!"皇上一声令下,诗人们都停了下来,一齐交卷。

卷子全都收到高楼台上去了。

一百多位诗人翘首盼望。

不一会儿,开始有一张张诗稿从高楼台上飞下来,捡到自己诗稿的诗人就退到后面。

更多的诗稿从高楼台上飞了下来。

更多的人退出比赛场地。

最后,比赛场上只剩下了宋之问和沈佺期。

这两位诗人,都是当时红极了的宫廷诗人,他们的诗文在宫廷里、市里到处传唱,被人们称之为难分高下的"沈宋"。

所以他们两人也很想借此机会分出高下来。

当赛场里只剩下沈宋两个人的时候,他们两个你看看我,我看看你,心情十分复杂,也十分紧张。

沈佺期心想:"如果老宋得了第一,他一定会在宫里更得意了!"

宋之问心想:"如果老沈得了第一,我的脸上可不好看啊!"

正在二人胡思乱想的时候,一张诗稿轻轻地从高楼台上飘落下来。

沈、宋二人急忙冲上去拾这张诗稿,差一点撞在一起。

沈佺期抢先拾起了这张诗稿,一看,是他的字迹。

他的脸色一下子变了。

而宋之问一看沈佺期苍白的脸色,就知道自己赢了。

宋之问放声大笑起来，举起酒杯一饮而尽，正像沈佺期预想的那样，宋之问得意非凡。

　　众诗人也都为宋之问喝彩。

　　原来，上官婉儿在评到这最后两首诗时，实在是犯了难。她难以分出这两首诗的高低，只好反复诵读，反复考虑，经过再三掂量之后，上官婉儿做出了如下评语：

　　两首诗的功力是一样的。但是，沈诗写到最后时，使人感到笔力已用尽，而宋诗写到最后一句，却还是很有力量。因此宋诗稍高于沈诗。

王　勃

王勃一字千金

　　王勃是初唐时期的诗人,当时诗人的生活比较穷困,常为生计而奔波。这年重阳节,南昌都督阎伯屿在滕王阁大摆宴席,邀请远近文人学士为滕王阁题诗作序,王勃自然是其中宾客之一。

　　在宴会上,王勃写下了著名的《滕王阁序》,并题写了序诗,然后将序文呈献给了阎都督,便匆匆离开了。阎都督看了王勃的序文,正要发表溢美之词,却发现序诗的最后一句空了一个字:槛外长江(　　)自流,感觉很奇怪。

　　旁观的文人学士们你一言我一语,对此发表各自的高见,有的说一定是"水"字,有的说也许是"船"字,还有的说应该是"独"字。

　　阎都督听了不满意,觉得他们都是瞎猜,与作者原诗的意境不符,于是命人快马追赶王勃,请他把空着的字补上。来人追到王勃后,他的随从却说:"我家公子说了,一字值千金,望阎都督海涵。"

　　来人返回将此话转告了阎都督,阎都督有点儿生气,觉得王勃是在敲诈他。但转念又想:"怎么也不能让一个字空着,不如遂他的愿,这样本官也落个礼贤下士的好名声。"于是便命人备好纹银千两,亲自率众文

王　勃

(650 或 649—676),字子安,"初唐四杰"之一(另外三位是骆宾王、卢照邻、杨炯),主要作品收在《王子安集》里,代表作有《送杜少府之任蜀州》《滕王阁序》等。

人学士，赶到王勃住处。王勃接过银子故作惊讶："劳烦都督亲自前来，晚生怎么敢空字呢？"大家听了还是不明白，有人干脆问道："那空着的到底是什么字？"王勃笑着说："空者，空也。阁中帝子今何在？槛外长江空自流。"

大家听后一致称妙，阎都督也赞许地说："一字千金，不愧为当今奇才。"

滕王阁

王勃在山林里苦练医术

13岁的王勃随父亲一起来到洛阳城里，这下他真的开了眼界，见了不少新鲜东西，这城里的热闹景象吸引着小小的王勃，让他每天在街上到处乱走，看到什么都稀罕，看到什么都想问个明白。

这一天，王勃来到洛阳的西街口，看到一群人围着一位白发老者不知道正在做什么。王勃急忙挤进人堆里一看，原来这白发老者正在给人把脉看病呢！老人闭着双目，并不去看病人面色与表情，却可以把病人的病情说得很准，一个个病人都从老者那里拿了草药，满意地走了。王勃听人议论说："这曹大夫真是华佗再世，看病一看一个准儿！"

整整一天，曹大夫这里人来人往，他一直忙个不停，王勃也忘了吃饭，认认真真地整整看了一天。

天黑下来了,看病的人都走了,曹大夫才注意到身边有一个小孩子。他微笑着和蔼地对王勃说:"小孩子,你想看病吗?"

"不,我想跟您学看病。"王勃大声地说。

这句话倒让曹大夫一愣,他拍拍王勃的头说:"回家吧,孩子,学医可不是你这样的小孩子干的事,那要吃很多苦呢!"

曹大夫说完,收拾了东西,背上药箱子就走了。

曹大夫并没有把王勃的话放在心上,因为王勃只是个小孩子,也许他只是随便说说就算了。

可是第二天一早,王勃又早早地等在昨天那个地方了,他不但一天都不回家,认真地看着大夫生给人治病,问这问那,而且还很勤快地帮着曹大夫做这做那,跑前跑后忙个不停。一连半个月,王勃都是早早地在街边等曹大夫,帮他忙活各种杂事,学习的热情一点也没减少,这倒让老大夫有些动心了。

看来这孩子是真的爱上行医这一行了,曹大夫心想,我应当收这样一个徒弟。

终于有一天,老大夫来到了王勃的家里,经王勃父亲同意后,老大夫决定收下这个小徒弟,然后带他进山学医去。

王勃来到了山林里,才知道曹大夫的生活是很苦的,白天他要采药,哪里山高就往哪里走,哪里林深就往哪里去。有时采药走得远了,老大夫就住在大树上或山洞里,以山林为家,与野兽为伴。

再说吃的吧,曹大夫家里压根没有什么正经的饭食,走到哪里,就在哪里就地采些野果野菜煮煮,打些野味吃吃。王勃在这里住了一个月,就浑身沾满了山野的气息,吃在野地里,住在野地里,他感觉自己和野人差不多。

从小生活条件优越的王勃并没有被这种艰苦的生活吓倒,他反而很喜欢这种亲近大自然的生活方式,他一直兴致勃勃地跟着曹大夫学习。风里来雨里去的生活让王勃长得更健壮了,几个月后,他认得了许多草药,也学会了制作草药的简单方法,曹大夫出山给人家看病时,王勃就替他背着药箱,认真地学习如何把脉,学习如何下药。

到了夜里,王勃借着柴草的火光,认真地看医书、背药方,常常读书到深夜。

一年过去了,王勃人变得又黑又瘦,但说起草药和药方来,却头头是道,俨然一个熟练的小大夫了。

几年后,18岁的王勃不但学成了医术,还读通了《黄帝内经》,为最难懂的《黄帝八十一难经》作了注释,人人都说他创造了医学史上的一个奇迹。

骆宾王

7 岁作诗的骆宾王

骆宾王是唐朝初期的著名诗人,从小就才思敏捷。7 岁时,有一天他家来了客人。一家人忙着招待客人,骆宾王就独自一人跑到了池塘边玩耍。

骆宾王

(约 638—?),字观光,唐代文学家。与王勃、杨炯、卢照邻合称"初唐四杰",主要作品有《咏鹅》《在狱咏蝉》等,著有《骆宾王文集》。

池塘里一群大白鹅正在戏水。骆宾王捉了几只小虫子朝水里扔去,鹅群立即向这边游来,就像一团团白絮在水面漂浮。红红的脚掌像小船桨一样不停地划着水,水面上扩散出圈圈涟漪。骆宾王最喜欢大白鹅了,他捡起一根树枝,在地面上画起了白鹅游水图。这时候,家人因没见到骆宾王,便找到了池塘边。客人也跟了过来,看到地上的画,还真有些像呢。

客人早就听说骆宾王是神童,就想考考他,于是指着白鹅让他作一首诗。骆宾王注视着白鹅想了一会儿,就高声吟诵起来:

鹅,鹅,鹅,曲项向天歌。

白毛浮绿水,红掌拨清波。

客人一听,赞不绝口,这首诗也很快就传开了。骆宾王不仅小时候聪慧才高,到了老年依旧才思敏捷。

骆宾王曾参与徐敬业讨伐武则天的斗争,兵败后逃到了杭州,削发为僧。有一天,诗人宋之问月夜游灵隐寺,在长廊下吟诗道:"鹫岭郁苕峣,龙宫锁寂寥。"可是竟一时想不起下面的句子。这时,寺内一老僧正在打坐参禅,听得廊下有人吟诗,于是问道:"年轻人深夜不眠,为何还苦苦吟诗?"宋之问回答说:"我想在这里题首诗,可是后两句想不出来了。"老僧笑着说:"何不接上'楼观沧海日,门对浙江潮'。"宋之问连声说好。第二天又去拜访老僧,但他却已乘船出海了。这老僧便是隐姓埋名的骆宾王。

陈子昂

陈子昂当街摔宝琴

出身于富商之家的陈子昂,青年时代家住在四川,22 岁时,陈子昂带着理想和抱负,来到长安城里参加进士考试。

唐代的进士考试,除了要看考生的考卷外,还要看看考生是不是有名气,有无名人推荐。当时的陈子昂虽然诗文写得不错,但却因为家住在四川,离长安城较远,也没有什么熟人介绍他的诗歌,所以长安城里还没有人知道他。

如何让自己在短时间里成为长安城里的名人呢?如何尽快地让长安城里的诗人们知道自己呢?陈子昂现在最关心的就是这件事。

陈子昂随身带有大量的金银,但金钱却不能买来一个人的名气。

这一天,陈子昂正在长安城里闲逛,看到街头上一位西域来的商人。商人带来了一把华丽昂贵的胡琴,正在街头上叫卖。虽然胡琴看起来华丽又奇特,但因为长安城里的人都没有见过这样的琴,也不懂得这样的琴如何弹奏,所以商人一连卖了几天,围观的人虽然不少,敢买的人却一

陈子昂

(659—700),字伯玉,唐代文学家。主要作品有《感遇》《送别出塞》等。唐代诗歌革新的先驱,对唐诗发展颇有影响。著有《陈伯玉集》。

个也没有。

"这到底是什么物件，值上百两银子?"看热闹的人都在议论。

陈子昂也挤在看热闹的人群里，他一连看了两天，看到卖胡琴的消息越传越远，看热闹的人越来越多时，陈子昂就动起了脑筋。

这天中午，趁人最多时，陈子昂慷慨地掏出了许多钱，买下了这把华丽的胡琴。

商人带着大把的钱，满意地走了。

看到终于有人买下了这把昂贵的琴，看热闹的人顿时兴奋不已，他们都想听听这宝琴的琴声。陈子昂趁机说："明天上午，我将在这里用这把琴演奏美妙的歌曲，还有歌女来唱新诗，欢迎大家都来听!"

幽州台遗址

人群散了，也把这消息带到长安城的四面八方。

第二天一早，果然有数百人等候在闹市，把一条街都挤满了，其中还有不少著名的诗人。陈子昂兴致勃勃地登上高处，一边让人演奏演唱，一边把自己写的诗文分发给大家。

美妙的乐曲，加上美妙的歌声，人们听得心满意足，议论纷纷。

等琴声一停，陈子昂又对大家说："这把琴本无什么特殊，只是它外表华丽，看起来好看些罢了，商人却把它的价钱抬得那么高，其实是华而不实的。"说着，陈子昂把那把用重金买来的琴高高地举起，用力地摔在地上，宝琴顿时被摔得粉碎。

"太可惜了，这么贵的东西，一下子就摔没了!"人群里发出惋惜之声。而陈子昂却面不改色地说:"琴再好,也是身外之物,我希望大家还是好好读读我的诗,那才是货真价实的宝物。"

以后的几天里,陈子昂摔宝琴的故事传遍了整个长安城,陈子昂的诗文也传到了名人手里,受到了诗人们的重视。

第二年23岁的陈子昂已经是长安城里的名人,他终于考上了进士,从此踏上了坎坷的仕途。

张九龄

张九龄要状告老天爷

张九龄小时候住在广东韶关城,离他家很近的大鉴寺就是他读书上学的地方。

张九龄从小就个性倔犟,他做什么事情都要做到最好,就连他上学时用的墨和砚台都与众不同:别人的墨不过两三寸长,张九龄的墨足有一尺多长;别人的砚台不过一个小碟子那么大,而张九龄的砚台足有一个大盘子那么大。张九龄个子小,磨墨时就把砚台放在地上,他趴在地上,吃力地拿着那根大墨棒使劲地磨,要磨出满满的一砚台墨才肯罢休。

张九龄

(678—740),盛唐诗人,字子寿,韶州曲江(今属广东)人,长安二年进士。著有《曲江集》,有《曲江张先生文集》传世。其诗多次入选各种诗歌版本,也是大学、中小学课本的必选篇目,代表作有《感遇十二首》《望月怀远》等。

有一天,张九龄来上学时发现自己的大墨没有了,他猜想大墨一定是被老鼠拖走了。张九龄气愤地挖开老鼠洞,不但找到了自己的墨,还把大老鼠抓出来钉在木板子上示众,这才觉得解了恨。

通过这件事,人们都说张九龄是个倔犟的孩子,做事完全与众不同。

这一年,韶关地区遭遇大旱,土地已裂得张开一道道大口子,庄稼也低垂着头,水井也快要干了,眼看着人们吃水都成了问题。老百姓急得没有办法,只能到大鉴寺里来跪着求雨。张九龄上课的时候,就常常看到许多面黄肌瘦的老人孩子在庙前跪着求雨。张九龄看着这些人跪在烈日下，汗流如雨，心里难过极了。他就问求雨的人们："你们这样求老天，老天真的会下雨吗？"

"只要心诚，跪的时间长了，老天会下雨给我们的！"求雨的人都这么说。

可是日子一天天地过去了，旱情越来越重，人们吃水越来越困难，求雨的人也越来越多，天却一滴雨也没有下。

看到乡亲们的苦难，张九龄简直心如刀绞，他再也听不进老师讲课了，他满耳朵都是老百姓的哭喊声。

这一天，张九龄把他的大砚台端到大鉴寺的院子里，对求雨的老百姓说："老天也太没人情了，我们这样求他，他也不下雨给我们，看我写张状纸告老天爷一状！"

求雨的百姓一听张九龄的话，都吓得面如土色："孩子啊，你可不能说这些无法无天的话呀，要是老天爷怪罪下来，我们全都得渴死呀！"

"我就是不怕他，看我现在就写状纸，去告他一状！"说着，张九龄就趴在地上，抱着他的大墨磨起来。

求雨的人见劝不了他，也没有人再理会这个小孩子，人们只管跪着求雨去了。

张九龄打来一盆清水，动手磨他的大墨棒。砚台里的清水变黑了，他就再换上一盘。

从上午到下午，张九龄一共磨出了九盘墨汁，他把墨汁倒在一个大桶里，又继续去磨墨。

天黑了，求雨的人都走了，张九龄还在磨。

其实，体质并不强壮的张九龄已经累极了，但他咬着牙，一直坚持着磨下去。

第二天一早，求雨的人来时，看到张九龄又在那里磨墨了。

到了第二天下午，人们发现天开始变阴了，云彩正朝着天边堆积，似乎有了一点点变天的可能。

张九龄手里的大墨也只剩下一半了,可是他越磨越急,他的手上已磨出了水泡,但他还是急切地磨着墨!

　　到了第三天,张九龄的身边已有了一大桶墨汁,他已磨完了一整块大墨。人们看到,天边已堆积了不少的乌云,而且有了隐隐的雷声,人们这才相信,也许真的要下雨了。

　　就在乌云越来越厚的时候,张九龄停止了磨墨,他把大桶拎了起来,对着天边大吼一声说:"老天,赶快给我下雨!"说完,用力地把手里的墨汁泼了出去!

　　地上乌黑一片,天上也乌黑一片!

　　随着张九龄的这声大喊,大雨顷刻间下来了!

　　求雨的人见张九龄真的把老天爷制伏了,都跑到院子里,在大雨里奔跑呼喊,接水的接水,欢呼的欢呼!

　　大雨下了三天,地里的庄稼被救活了。

　　井里也蓄满了水,人们喝水的问题也解决了。

张九龄故居

　　在这之后,张九龄的名字传遍了整个韶关城,人们都知道有个天不怕地不怕的孩子,凭着一股子犟劲,硬是把老天爷给制伏了!

贺知章

贺知章金龟换酒为李白

742年，42岁的李白终于接到了唐玄宗召见他的诏书，要请他进京城做官。李白安排好了家里的事情，兴冲冲地来到京城长安。

但唐玄宗并没有马上接见李白，而是把李白暂时安排在紫极宫的客房里住着。

李白到来的消息乐坏了一个人，他就是当时的太子宾客贺知章。82岁的贺知章早就读过李白的诗，他非常喜欢李白诗中的浪漫高贵的情调，可是却没有见过李白本人。李白到达长安城的第二天，贺知章亲自来到紫极宫里看望李白，当身着白绸长衫，风度翩翩的李白从殿外走进来时，贺知章惊呼一声："好一个诗仙，简直是天上下来的仙人！"

贺知章

(659—744)，字季真，自号四明狂客，越州永兴(今浙江萧山)人，唐代诗人，主要作品有《咏柳》《回乡偶书》《采莲曲》等。

李白请贺知章在房间里坐下，贺知章迫不及待地对李白说："李先生这次宦游之后，一定有新诗吧，何不让我先睹为快呢？"

李白笑了笑，从桌上拿起一张诗稿给贺知章看，这就是李白著名的诗篇《蜀道难》。贺知章读到一半时，忍不住拍着桌子叫好，大声说道："这诗真是神来之笔，只有天上的谪仙人才能写得出来呀！"

看完李白的作品，贺知章马上派人去请京城里的诗人和乐师，说是要为李白接风,好好欣赏李白的诗歌。

不一会儿,各处的客人到齐了,人们一边饮酒,一边在音乐声中欣赏着李白的《蜀道难》《乌栖曲》《长干行》等诗歌,每个人都玩得开心极了。

这一顿为李白接风的酒席,从中午一直吃到下午,又从下午吃到天黑。

酒饭终于吃完了,正当客人们相互告别要回家的时候,贺知章突然惊叫一声:"坏了!"

"什么坏了?"李白问。

"我的钱袋子没有带,我拿什么付今天的酒钱呢?"

听了这话,客人们都说:"我这里有银子,我来付酒钱好了!"

"那怎么行!"贺知章摆摆手,阻止大家掏钱,"说好了今天是我给李先生接风的酒宴,谁也不能替我付账!"贺知章说着,就从身上解下了一个亮闪闪的小金龟,对大家说:"银子没带,我不是还有金子吗? 就用它付酒账好了!"

唐代的男人都时兴在腰间挂小金龟,以显示身份和地位,贺知章的金龟更是名贵,付酒钱是足够的了。贺知章真的解下金龟,充当了给李白接风的酒钱。

从那以后,京城里就有了贺知章金龟换酒为李白的故事。

不但如此,第二天,贺知章还把李白接到自己家里住下,每天下朝之后,贺知章的第一件事就是来到李白的房里,和李白聊天。从李白住进贺知章家那天起,贺知章家热闹极了,没有一天不请客,贺知章把更多的名人请到自己家里,让他们认识一下奇特的"诗仙"李白。

不久,李白便成了长安城里的大名人。

然后,贺知章抓住这个机会,在唐玄宗面前大夸李白:"李白的诗,真是神仙才能写得出来呢! 而且李白相貌英俊,如朝霞一般灿烂,如明月一样皎洁，真是天上的神仙下凡呢！"

这下，就把唐玄宗的兴趣吊起来了，他决定马上召见李白，见识一下这位不同凡响的诗仙。

几天后，唐玄宗就在皇宫里接见李白，当李白出现在皇宫的大殿里时，唐玄宗感到眼前升腾起了一片灿烂的朝霞，他竟不知不觉地走下宝座，亲手搀起了跪拜的李白，使满朝的文武官员大吃一惊。

只有贺知章早就预料到会有这一幕，他在一旁满意地笑了。

王之涣

王之涣智审黄狗案

大诗人王之涣曾经在河北文安县做过县官。

有一天,县衙里来了个农妇告状。农妇哭诉着:"我叫刘氏,丈夫在外经商,家里只有我和小姑子两人。昨天晚上,我去邻家推碾子,突然听到家里有人喊叫,我急忙往家里跑,在门口与一个高个子男人撞在一起。我抓那男人没抓住,那男人一把把我推倒就跑了,可我跑进屋里一看,我小姑子胸前扎着一把剪刀,已经死了!"

王之涣认真地听完了农妇的哭诉,然后冷静地问:"你们家里除了小姑子,再没有别人在那里吗?"

"院子里还有一只大黄狗!"

"一只大黄狗?"王之涣紧追着问。

"对!"

"那来人时狗叫了没有?"

"没叫!"

"那男人长的什么样子,你看清楚了吗?"

"院子里很黑我没看清,只看到那人光着上身,个子很高。"

"你先回去吧!让我想想!"

农妇抹着眼泪走了,王之涣静静坐在县衙里,分析着这个案子的种

王之涣

(668—742),字季凌,晋阳(今山西太原)人,后徙绛县。其诗善写边塞风光,意境雄浑,多为当时乐工制曲歌唱,名动一时。传世作品仅六首,《凉州词》《登鹳雀楼》尤为有名。

种细节。

"黄狗，关键在黄狗身上！"王之涣自言自语。

"老爷，夫人让来问问，明天还去庙里烧香不？"丫鬟突然走进来问。

只见王之涣的眼睛一亮，大声说："去，当然去！马上让人到处宣传，明天我要去庙里审黄狗案，让大家都来看！"

第二天一早，王之涣往庙里去时，路上已有不少看热闹的老百姓往那里赶。等王之涣在庙里坐下，庙里已被老百姓挤满了。

"把那只黄狗牵来！"那只倒霉的狗被衙役们牵了进来，正吓得缩成一团，浑身发抖。

"该死的狗！"王之涣一拍惊堂木大喝一声，"主人家养你三年，你不看家不护院，来了贼人你也不叫，你是不是该杀？"黄狗吓得连连后退，可是门外挤满了人，它没有地方可退，只得把身体缩得更紧些。

王之涣墓志铭

看热闹的人各个伸长脖子，年轻人身强力壮都挤在前面，想看看王之涣是如何审这只黄狗的。

突然，王之涣大喝一声："把孩子都赶出去！"衙役们把又喊又叫的孩子们赶了出去。

"再把女人都赶出去！"王之涣又是一声大喝。

女人们也都被赶了出去。

现在，庙里只剩下男人们了。

王之涣站起来转了一圈后，然后目光如电般地说："再把45岁以上的男人都给我赶出去！"

45岁以上的男人也被赶走了。

剩下的都是青年男人。

"把庙门给我关上！""咣当"一声，两扇大门关上了。

关在里面的年轻人你看看我，我看看你，不知道发生了什么事情。

"听我的命令,把上衣统统脱掉,我要一个一个地看!"王之涣下达了最后一道命令。

一百多个年轻男子都脱掉了上衣,王之涣看完一个放走一个,当他看到一个高个子男人时,他看到男人背上有抓痕,王之涣冷笑一声:"把这个家伙抓起来吧,其余的人不看了!"

高个子男人听到这话,马上跪下了。

不用审问,高个子男人就供出了自己杀人的事实:"昨天傍晚时,我看到刘氏出去推碾子,就想去她家里偷东西。可是没想到她的小姑子正在家里,我就和她的小姑子打了起来,顺手拿起旁边的一把剪子把小姑子刺死了。当我往外跑时又和刘氏撞在一起,还被她抓伤了后背。"

王之涣一边听一边点头说:"正和我想的一样! 黄狗不叫,定是熟人作案,后背有伤,就是厮打时留下的!"又回头对衙役们说:"把那只黄狗放了吧,真正的凶手已抓到了。"

孟浩然

孟浩然冻死也要看梅花

孟浩然在鹿门山隐居时,就写过几首咏梅花的诗,可是他自己对这些咏梅诗不满意。因为孟浩然觉得这些诗没有写出梅花的品格,也没有写出梅花特有的气节。他想:我还是要去山林里看看真正的蜡梅,品味了蜡梅的性格之后,才能写出蜡梅的品质。

而想看蜡梅却没有那么容易,因为蜡梅往往是冒雪开放,又多开在孤僻无人处,要想欣赏蜡梅,就得吃点儿苦头。

孟浩然不怕吃苦头,他一心想去山林里看雪中开放的蜡梅。

盼啊盼啊,终于盼到鹿门山里下雪

孟浩然

(689—740),盛唐诗人,襄州襄阳(今属湖北)人,诗与王维齐名,世称"王孟"。他是盛唐第一个大量创作山水诗的诗人,代表作有《望洞庭湖赠张丞相》《过故人庄》《春晓》等。有《孟浩然集》传世。

了,孟浩然高兴极了,骑上他那头老驴,带上几个硬窝头就上了苏岭。苏岭山上真冷啊,风好像小刀一样刮着他的脸,冰凌柱一根一根活似鬼獠牙。一阵寒风鬼叫着吹过来,雪片直往人的脖子里面钻。冰柱子被风吹得断裂了,驴蹄子踏在冰坡上,一滑一滑的哪里走得了?

孟浩然可不顾那些,只是一个劲地催着老驴往山上走,老驴有苦说不出,走一步退两步,慢慢地爬上了山顶。

可是那天真是怪，孟浩然来到山顶上一看，却看不到一枝开放的梅花，除了白皑皑的雪，连个鬼影子也看不到。

衣衫单薄的孟浩然被冻得浑身都快僵硬了，身上披着厚厚的雪花，还在不停地踢着老驴的肚子叫它往另一座岭上爬。老驴也累得浑身打战，身上也挂着冰碴子，只能委屈地叫几声。

跑了整整一下午，孟浩然也没看到一枝梅花。

孟浩然饿极了，就坐在一处背风的坡处啃那冰冷似铁的窝头。老驴也累得岔了气，孟浩然丢给它一把干草，老驴就眼含热泪有气无力地嚼起来。

孟浩然吃了个窝头，嚼了块冰凌，又硬撑着站起来，他看老驴趴着不想动，就拍拍老驴的背说："老伙计呀，你看看我都这么大岁数了，病病歪歪的，还能出来几回？还能再过几个冬天？你就算帮帮我的忙，让我看看蜡梅吧！"

老驴像是听懂了孟浩然的话，鼓鼓劲儿也爬了起来，又向着另一个山头爬去。

爬完这个山头，天可真的黑下来了。

孟浩然看天色不早，只得去找过夜的地方，他看到山上有一座小庙，就赶着老驴往那座庙里去。快走到庙前的时候，老驴一下子滑倒在地，把孟浩然狠狠地摔了出去。

这一摔，摔得孟浩然龇牙咧嘴，半天没爬起来。

其实这时庙里的老僧已看到一个人冒雪从山里来，他很奇怪这么冷的天还有人在山里转悠，老僧就一直看着那来人。等来人走近些，他才看出来原来是一个老头和一头瘦驴。可是等孟浩然来到庙门前，老僧却没看到有人进来，只听见一声惨叫，老僧忙出门一看，好嘛，孟浩然正在雪地里趴着呢。

老僧忙把孟浩然搀起来，问他："冻死人的天气，你跑到山里乱转什么？"

孟浩然咬着牙说："看……看……看蜡梅花呀，我是想看看雪地里的蜡梅花。"

老僧听了孟浩然的话，顺手往庙门边一指说："看个蜡梅花还值得豁出命去？那里就有一枝红梅，想看你就好好看吧！"

孟浩然顺势一看，真的，有一枝红艳艳的蜡梅花，正在庙旁冒雪开放，白雪红梅，别提多好看了！

孟浩然顿时忘了疼痛，也忘了饥饿和寒冷，他一步就冲到红梅前，看了又看，闻了又闻。

第二天、第三天，孟浩然都住在庙里，每天都围着红梅转着看。

"真美啊，不愧为雪中骄子！不愧为真君子！"孟浩然连连感叹。

从那以后，只要一下雪，人们就会看到一个老头，骑着一匹瘦驴，歪歪斜斜地在山坡上走动的身影。人们就会说："看，那个怪老头又去看梅花了！"

崔 颢

崔颢的诗稿被李邕扔掉

青年时代的崔颢生活很放荡,诗也写得很轻浮,他的诗多是描写女子生活的,所以他的诗才在京城的歌舞酒楼里广泛地流传,满街上到处可以听到崔颢的诗词,崔颢为此十分得意。

当时著名的文人李邕就读过崔颢的诗,他认为崔颢很有才气,很想见见这位少年得意的诗人,并想要提拔他。李邕托人找到崔颢,约好日期,二人就在李邕的家里见面。

崔 颢

(？—754),盛唐诗人,汴州(今河南开封)人,开元年进士,官司勋员外郎。早期诗多写闺情,后期游历边塞后,诗风变得雄浑壮阔,其《黄鹤楼》一诗相传让李白折服,也是历代诗集必选诗篇。代表作有《黄鹤楼》《长干曲四首》《行经华阴》等。

到了和崔颢见面那天,李邕显得很激动,他让用人把家里打扫干净,备好茶点,还把所有的事情都推掉,专门在家里等着崔颢的到来。

崔颢准时来了,怀里揣着自己新写成的诗稿,满面春风,得意扬扬。

二人寒暄了一阵,刚刚坐下,李邕就迫不及待地对崔颢说:"崔先生近来可有新作? 快快让我先睹为快吧!"

崔颢一听,马上递上了自己刚刚写成的几首诗。

诗稿上面的第一首,就是崔颢刚刚写成的一首《王家少妇》。

李邕把诗稿接在手上，一眼就看到第二首诗的前两句：

十五嫁王昌，盈盈入画堂。

李邕是个很讲究品行的人，平时做人十分端正，绝不肯接触轻浮无聊的东西，他一看到如此轻浮的诗句，立刻表现出十分反感的样子，就把崔颢的诗稿丢在地上，大声说："你这个小子太无礼了，竟然把如此轻浮的东西拿给我看，你把我当成什么人了！"

说完，李邕怒气冲冲地拂袖而去，把满面通红的崔颢一个人留在客厅里。

崔颢一下子愣住了。

崔颢莫名其妙地愣了片刻，才无趣地走了，这次会面以不愉快而告终。

到了中年之后，崔颢才开始从那种无聊的玩乐生活中摆脱出来，决心要做一些正事。他来到边塞旅游，亲眼目睹了边塞风光的壮丽和守边将士们的艰苦生活，他开始放弃那些轻浮的东西，他的诗风由此转变了，写出了一些壮丽雄浑的诗篇。

这一日，崔颢登上了黄鹤楼，他看到眼前的长江奔腾而去，远处的青山一片深碧，夕阳晚照之中，黄鹤楼更加显得壮观无比，崔颢心中突然荡起万千感慨，他遥望家乡方向，提笔写下了一首流传千古的《黄鹤楼》：

昔人已乘黄鹤去，此地空余黄鹤楼。

黄鹤一去不复返，白云千载空悠悠。

晴川历历汉阳树，芳草萋萋鹦鹉洲。

日暮乡关何处是？烟波江上使人愁。

许多年以后，诗仙李白也来到黄鹤楼上。按照惯例，李白本应在黄鹤楼上题诗的，可是当李白读到黄鹤楼上崔颢的诗句时，就放下了手里的笔，他说：

眼前有景道不得，崔颢题诗在上头。

后来，李白曾两次在自己的诗里引用或模仿过崔颢的这首诗，可见崔颢这首诗的影响有多么大了。

祖　咏

祖咏的未完应试诗作

　　祖咏出身于贫寒的人家,小时候,他曾和比他小两岁的王维做过同学,他们一起学写诗,一起谈学问,成了最好的朋友。

　　后来,王维考中进士做了官,两人也就天各一方,各自奔波去了。

　　这一年,满肚子诗书的祖咏也来到京城参加进士考试。进了考场,大门一关,每个考生都坐进自己笼子一样的小房间里,考试开始了。试卷发下来后,祖咏一看就笑了,因为试题是一首诗:《终南望余雪》。

　　写诗正是祖咏的强项,对于积雪的终南山,祖咏也不陌生,他曾在终南山下住过一段时间,每天一抬头就能看到终南山,从早看到晚,从春看到冬,对于常年积雪的终南山再熟悉不过了。没想到今天竟然用它来做试题,祖咏觉得自己很有把握高中。

　　沉思片刻后,祖咏提笔写下了四句:

祖　咏

(699—746),盛唐诗人,洛阳人,后迁居汝水以北。开元年进士,生活贫困,与王维友善,后经张说引荐为兵部员外郎。其诗多写景,宣扬隐逸生活,代表作有《终南望余雪》《望蓟门》等。

　　　　终南阴岭秀,积雪浮云端。

　　　　林表明霁色,城中增暮寒。

四句诗一挥而就,祖咏读了几遍,觉得写得既对景又漂亮,自己很满意。可是再往下写,祖咏就为了难:他认为自己的前四句诗已把终南山的景色写完了,再往下写,可写什么呢?

　　祖咏又想了半天,还是觉得没有什么可写的,就把卷子交上去了。

　　可是按照当时的考试规定,应试的诗必须写成六韵十二句才合格。主考官接过祖咏的试卷一看,只有短短的四句,就好心好意地提醒祖咏说:"你还没有写完吧?再想想,你先别忙着交卷子!"

　　说完,就把祖咏的卷子退还给他。

　　没想到祖咏并不领情,他站起来,一定要把卷子交上去,并生硬地对考官说:"我已经把诗的意思全写完了,你还要我写什么呢?为什么一定要写成十二句才好呢?四句就足够了!"说完,头也不回,大步地走出了考场。

　　考官也没有办法,只好把这份不合规定的试卷交了上去。

　　后来发榜时,榜上当然不会有祖咏的名字,因为他的诗压根就没有入选。

　　许多年过去了,那年的进士考试早就被人忘记,当年的头名状元是谁也不再有人记得了,奇怪的是祖咏那不合规定的诗却在京城里传开了,祖咏的名字也因此载入史册,被人们永远地记住了。

王昌龄

张镐为王昌龄报了仇

王昌龄虽然身为大诗人，一生写出了不少豪放的边塞诗，但因为他性格高傲，行为狂放，所以常常得罪人。

王昌龄晚年的时候，又因为得罪人太多而被贬官至湖南。此时的王昌龄已是五十多岁，头发也白了，眼睛也花了，身体也很差，他来到湖南上任没多久，震惊全国的安史之乱就爆发了。

安史之乱给唐王朝造成很大的混乱，到处战火纷纷，皇帝唐玄宗逃到四川避难，百姓们和官员们也四处逃难，弄得交通阻断，很多人无家可归。远离家乡的王昌龄也开始担心起来，他怕自己被战火阻隔回不了家乡，也许自己就会死在外地，葬身于异地，这有多可怕啊！于是王昌龄决定早些弃官退休回家，过清净日子去。

王昌龄

（？—约756），盛唐诗人，字少伯，京兆长安（今陕西西安）人，开元年进士，授汜水尉，官升至江宁丞，世称王江宁。晚年被贬为龙标尉。因世乱还乡，路过亳州时为亳州刺史闾丘晓所杀。擅长写七绝诗，多写当时的军旅边塞生活，其诗气势雄浑，格调高昂，为历代诗集必选篇目，也多次入选现代大学、中小学课本，代表作有《从军行七首》《出塞二首》等。

王昌龄说走就走，简单地收拾下自己的行李，雇了一辆毛驴车，就往老家西安城走去。

哪知道王昌龄路过亳州时，不知因为什么事情和亳州刺史闾丘晓发生了口角,二人言语冲突激烈,各不相让,闾丘晓一怒之下,竟杀掉了王昌龄。

可惜名震一时的盛唐边塞诗人王昌龄,竟死于一个名不见经传的官吏之手,真让人歔歔不已。

这是 756 年的事情。

转眼时间就过去了一年,王昌龄已过世一年多了,安史之乱仍未结束,唐肃宗仍在调集各路人马征讨叛军。此时负责河南一带军队的大将军名叫张镐。张镐平时喜欢读诗,尤其喜欢王昌龄豪放雄浑的边塞诗,当他听说王昌龄死于闾丘晓之手时,恨得直咬牙,恨不能杀了那个浑蛋闾丘晓。

说来也巧,这年秋天,唐肃宗又一次紧急调集各路军队与叛军作战。河南一带的军队正归张镐统管,他下达命令:五日内,各路军队必须赶到集合地,任何人不得有误。

五日后,张镐统领的各路军队全部到齐,唯缺由闾丘晓带队的亳州一军。

为纪念王昌龄而建的芙蓉楼

张镐一听闾丘晓没有按时赶到,顿时气炸了肺。等到第六天一早,闾丘晓带着兵马急如星火地赶到时,张镐二话不说就让士兵们把闾丘晓拿下,依军法处以极刑。

看到自己死到临头,闾丘晓大喊饶命,哀求张镐说:“张将军,我不能死啊,我家里还有七十多岁的双亲,我一死,他们如何活命!还是让我戴罪立功吧!”

张镐听了闾丘晓的话,怒气更大,他冷冷一笑说:“你有双亲,你舍不得他们,可是你杀王昌龄的时候,想没想过他的双亲?他的双亲由谁养活呢?”

听了张镐的这番话,闾丘晓脸上露出惭愧的表情,但他仍在辩白说:

"那是一个误会,当时我也不知道他就是大诗人啊,事后我也很后悔呀!我是对不起王大人啊!"

"现在你后悔也晚了,这样吧,你现在就亲自去找王龙标赔罪吧!"说着,张镐一挥手,士兵们拎起了闾丘晓,一通棍棒下去,闾丘晓死于杖下,张镐冷笑几声说:"王龙标,我为你报仇了,你可以瞑目了!"

王　维

王维"公关"中状元

　　唐代以诗赋取士,进士名单往往是事先定好的,社会名流、达官贵人都可以向主考官推荐人选。王维的状元就不是单凭实力考取的,而是为公主弹琵琶,靠"公关"得来的。

　　王维9岁就能写诗作文,书法、绘画水平也很高,还精通音律,是个多才多艺的文人。因才华出众,他受到了岐王李隆范的赏识。

　　21岁这年,王维准备应考,却听到一个坏消息:名士张九皋已经搞到了一封以公主的名义写的推荐信。如果张九皋凭着推荐信在长安考区拿到"解头"的话,中状元就顺理成章了。王维连忙跑去找岐王商量,岐王告诉王维,九公主爱好音律,如果他肯为公主弹奏一曲的话,有什么请求,公主肯定会答应他的。

王　维

(701?—761),字摩诘。唐代诗人、画家。主要作品有《鸟鸣涧》《九月九日忆山东兄弟》《送元二使安西》等。官至尚书右丞,故也称王右丞,有《王右丞集》。苏轼称赞他为"诗中有画,画中有诗"的诗人。

　　过了几天,九公主府上举办宴会,岐王让王维穿上华丽的衣服,带着琵琶,到公主府去献艺。王维施展出浑身解数,将一首新曲弹得哀哀切切,欲断人肠,满座宾客无不动容,这成功地引起了公主的注意。岐王趁热打铁说:"此人不仅精通音乐,诗词文章也无人能及。"公主十分好奇,让王维呈上诗稿。公主看了之后，惊叹不已，说："这些都是我平常爱读的诗啊！还以为是古人的佳作呢，原来是你写的呀！"

岐王见时机已经成熟，就说："假如今年京城考区能把王维取为'解头'的话，他绝对能成为国家的精英。"九公主一听就明白了岐王的用意，便说："那就让他去考吧，若真想当这个'解头'，我一定尽力推荐。"就这样，这一年王维果然当了"解头"，并一举成为状元。

王维发现了天才画家韩干

韩干小时候家里很穷，他小小年纪就去小酒店里给人当伙计。但是韩干天生爱画画，他一有时间就蹲下来画画，走到哪里画到哪里。

王维是当时著名的诗人，也是画家和音乐家，对绘画很有鉴赏力。

说来也巧，特别爱喝酒的王维就在韩干干活的这家酒店里订了酒，酒店让小伙计们定时给王维家里送酒。

这一天，韩干又来王维家里送酒，酒送到了，王维发现自己没有零钱，就让韩干等一会儿，自己去后院里拿零钱。韩干闲着无事，就拿出随身带着的木炭条在院子里的石头上、树上乱画一气。他画了车马和小人，又画了花花草草。

不一会儿，王维拿了零钱出来，韩干接过钱就走了。王维一回头，却看到了韩干画的东西。这些粗糙的小画还真的把王维吸引住了，王维低着头反复地看了看，感到这些小画虽然线条简单，但却很有个性，无论动物还是人物都画得很有活力。特别是那匹小马，四个蹄子硬硬的，尾巴翘翘的，脖子上的鬃毛飘动着，看起来还真漂亮呢！

王维心想，这就是那个酒店里的小伙计画的吗？我倒要看看这个小家伙还会画什么。

第二天，王维特意去酒店里把韩干找来，给他一大卷子白纸，让他画画,韩干高兴极了,趴在走廊里画了满满一大张动物,然后给王维看。王维认真地看过,越发觉得韩干的画很有意思,如果认真培养,会成为一个好画家的。

"真没想到,酒店里还会出一个小画家。"王维心中暗想。

"孩子,你想不想跟着我学画画?"王维把韩干叫过来认真地问。

"当然想了,可是我家里穷,我妈还让我在小酒店里干活挣钱呢!我要是跟你学了画画,就不能去挣钱了。"

"这你不用担心,你在我这里学画画,吃住都在我这里,我每个月还给你工钱!"王维说。

王维塑像

"我学画画,你还给我工钱?哪里会有这样的好事?"韩干以为自己听错了。

"那当然,我说话算数,你回去和你妈妈商量一下,尽快给我回个信儿!"

韩干飞快地跑回家去,把这件好事告诉了妈妈。妈妈当然同意了,于是,韩干辞去酒店小伙计的工作,住进了王维家里,专心学习绘画。

两年过去了,韩干在王维的指导下,绘画的技巧提高很快,几年过后,韩干已成为画马的高手了。

天宝年间,韩干的画传到长安,得到了唐玄宗的赏识。韩干被选入宫里,成了皇室的画家,唐玄宗安排他住在宫中,专门让他向宫里的画马高手陈闳学习画马。可是韩干进了宫之后,并没有住在豪华的画院里,他天天都往皇宫里的马厩里跑,去那看那些活灵活现的马的动作,马的姿态,观察马的生活习性,然后照着那些马的样子写生。

唐玄宗知道了这件事,就问韩干:"朕让你学习陈闳的画马技法,你却天天往马厩里跑,你到底想学什么呀?"韩干回答说:"陈闳是我的老师,但皇上您的名马更是我的老师!"

"那么朕让你搬到马厩里去住,你愿意不愿意呢?"

"当然愿意!"

第二天,韩干真的搬到了马厩里,这样他就可以日日夜夜地和马在一起了,一睁开眼睛就可以看到各种名马了。由于对马的生活习性了解,韩干画马的技巧提高得很快,后来,他真的成了唐代著名的画马大师。

李 白

李白观人磨针受教育

唐代大诗人李白少年时非常贪玩,长辈让他读书,他觉得那些经书、史书十分深奥,他读也读不懂,于是他常常丢下书逃学出去玩。

有一天,他又逃学出来玩,一边闲游闲逛,一边东瞧西看,来到了一个小溪边。他看见一位老妈妈坐在磨刀石上的矮凳上,手里拿着一根很粗大的铁棒子,在磨刀石上一下一下地磨着,神情专注,以至于李白在她跟前蹲下她都没有察觉。

李 白

(701—762),字太白,别号青莲居士,唐代最伟大的浪漫主义诗人。主要作品有《梦游天姥吟留别》《蜀道难》《独坐敬亭山》《赠汪伦》《望天门山》等,他的诗集《李太白集》是古典诗歌艺术的高峰。

李白不知道老妈妈在干什么,便好奇地问:"老妈妈,您这是在做什么呀?"

老妈妈抬了下头,见是个孩子,便说:"你没看见我在磨针吗?"边说边磨着手里的铁棒。

李白觉得很奇怪,老妈妈手里磨着的明明是一根粗铁棒,怎么是针呢?李白忍不住又问:"老妈妈,针是非常非常细小的,而您磨的是一根粗大的铁棒呀!"

老妈妈边磨边说:"我正是要把这根铁棒磨成细小的针。"

"什么?"李白有些意外,他脱口又问道,"这么粗大的铁棒能磨成针吗?"

这时候,老妈妈才抬起头来,慈祥地望着小李白,说:"是的,铁棒子又粗又大，要把它磨成针是很困难的。可是我每天不停地磨呀磨，总有一天，我会把它磨成针的，只要工夫下得深，铁棒也能磨成针！不是吗？"

李白是个悟性很高的孩子，他听了老妈妈的话，一下子明白了许多，心想："对呀！做事情只要有恒心，天天坚持去做，什么事都能做成的。读书也是这样，虽然有不懂的地方，但只要坚持多读，天天读，总会读懂的。"想到这里，李

李白手迹碑刻

白深感惭愧，脸都发烧了。于是他拔腿便往家跑，重新回到书房，翻开原来读不懂的书，继续读起来。

李白以诗谢"漂母"

李白字太白，号青莲居士，中国唐代伟大的浪漫主义诗人，有"诗仙"之称。李白不仅文采出众，剑术也十分高明，15岁时就开始练剑，其剑术之高仅在"剑圣"裴旻之下，排名唐朝第二。

20岁时，李白离开家乡，开始四处游历。

这天，李白在出游途中，路过安徽铜陵五松山下。当时天已经黑了，连路都看不清，李白又累又饿，只好找了一户农家借宿。茅屋里住着一个姓荀的老太太。屋里很简陋，只有一张草席和几只破罐，老太太生活并不宽裕。但老人家十分好客，热情地接待了李白。她找出家中仅有的一点儿米，做成了饭，用洗过多遍的盘子盛上，端到李白面前，请他食用。

李白塑像

李白当时感动万分，不禁想到了韩信贫困时遇"漂母"的故事。他心想，今日遇到的这位老人

家,不就像韩信遇到的"漂母"一样心地善良吗？韩信富贵之后,能以千金报答漂母一饭之恩。可我现在境况不好,身无分文,没有钱酬谢老人,怎么办呢？想来想去,他决定用心写一首诗来表达自己对老人家的感激之情。于是,他满怀激情地作了一首五言律诗《宿五松山荀媪家》。诗的内容如下：

我宿五松下,寂寥无所欢。

田家秋作苦,邻女夜春寒。

跪进雕胡饭,月光明素盘。

令人惭漂母,三谢不能餐。

杜 甫

杜甫解谜巧抓药

杜甫自幼聪明好学,知识渊博。他一生不得志,过着颠沛流离的生活。他晚年在沙头镇定居,在镇上开了一家名为"百草堂"的中药店铺维持生计。由于药店买卖公道,物美价廉,闻名四方,镇上其他药铺的老板们十分嫉恨,他们串通一气,收买了一个衙门书吏,到荆南节度使卫伯玉面前去挑拨:"杜甫自夸学问高深,不将卫老爷您放在眼里。"

卫伯玉早就对杜甫心怀不满,很想伺机报复,一听书吏的话,怒不可遏,就开了一张"药方"要杜甫配齐,不然就要砸他的店铺。

书吏手持药方赶到"百草堂"。药方上面写着"行运早,行运迟,正行运,不行运"12个字。杜甫看了看药方,思索片刻,便开始抓药,他抓了一片萝卜干、一块生姜芽、一粒鲜李子、一颗干桃僵交给了书吏。

书吏嘲讽道:"你这算什么药?!"杜甫手指萝卜干说:"这萝卜干,亦称'甘萝',甘罗 12 岁当丞相,难道不是行运早吗?"他又指着其他几味药说:"这是'姜子芽',姜子牙 83 岁遇文王,是否行运迟呢? 这是红皮李子,正是目前市场上的紧俏货,可说是'正行运'吧? 至于这干桃僵嘛,经过

杜 甫

(712—770),字子美,自称"少陵野老",被誉为"诗圣",唐代诗人,诗作流传至今约 1400 多首,诗歌风格多样,是新乐府诗体的开创者。

霜打雪冻再入药,只能说'不行运'了。"

书吏一听,哑口无言。

杜甫乘机接着说:"你家老爷'正行运',就像这酸酸的红皮李子,我好比这僵了的桃子'不行运'了。当今朝廷重用奸臣,'李代桃僵'啊!"见识到杜甫的厉害后,卫伯玉就不敢再刁难他了。

杜雨草堂

杜甫写诗字字珠玑

被称为"诗圣"的杜甫一生坚持"语不惊人死不休"的写作态度,创作的诗篇可谓字字珠玑,一字都不易改动。

相传,北宋大诗人苏轼曾与黄庭坚、秦观、佛印三位文友结伴游山,见古寺壁上题有杜甫的《曲江春雨》一诗,因年代久远,其中"林花著雨胭脂□"一句的尾字已无法辨认。苏轼便提议各人试补一字,并率先补一"润"字;接着,黄庭坚填"老"字,秦观填"嫩"字,佛印填"落"字。回家后查《杜工部集》,才知杜甫用了一个"湿"字。四人比较品味了一番,异口同声地赞叹"湿"字用得妙!

这里,诗人着一"湿"字,看似信手拈来,不带任何感情色彩,实则给读者

杜公祠

留下了自由想象的艺术空间,读者可以根据各自的心境感受领悟诗意。快活者读了,则可将"湿"理解为"润"、"嫩",领略到林花经春雨润泽而格外艳丽柔美的喜人景象;忧伤者读了,则可将"湿"理解成"老"、"落",体验到林花遭风雨而憔悴落魄的凄楚景象。可见,"湿"字具有极大的艺术张力,给读者以审美的自由。

宋代欧阳修《六一诗话》中则记载着这样一段趣事:有个叫陈从易的书生,偶然得到一本文字脱误颇多的杜甫诗集,其中《送蔡希鲁都尉》中"身轻一鸟□,枪急万人呼"一联的上联就缺了末字。陈从易便邀集几位好友补字。结果,有的补"疾",有的补"起",有的补"落",有的补"下",争论了好久,还是定不下来。事后总算得到一个完整的本子,才知原诗用了一个"过"字。陈从易读罢叹服不已,连连说道,虽只一字,但"诸君亦难到也"。

杜甫用一"过"字的高妙之处,就在于突出地赞美了蔡都尉武艺这一主旨。"身轻一鸟过,枪急万人呼",上句描写他善于纵跳,下句表现他长于使枪。"一鸟过"是说他跳跃如飞,身体轻便敏捷,整个过程宛如鸟儿飞过,这就把蔡都尉跳得既高又快且轻的形象,十分传神地描绘出来,给人以非常深刻的艺术感受。

杜甫见过鸟鬼吗

晚年的杜甫从四川成都出来,一直带着家人在湘江一带漂流,他的许多日子都是在湘江的小船上度过的。

这段生活虽然清苦,却过得很有诗意,因为长时间漫游在江上,杜甫可以吃到新鲜的鱼类,也见到了湘江上的许多美景。于是他在一首诗里写下了这样的句子,来描写他所看到夔峡间的奇妙美景:

　　顿顿食黄鱼,家家养鸟鬼。

到了宋代,杜甫的这首诗被一个叫刘克博的人读到了,刘克博爱读奇书,喜欢收集一些稀奇古怪的事,他看到杜甫诗里提到的"鸟鬼"两个字非常好奇,想弄明白到底什么是"鸟鬼"。

刘克博查阅了许多怪书,他看到书中有这样的记载:传说夔峡间至今有鬼户,就是古代的少数民族的夷族人。这些人有时会到别人家做佣工,主人家称这些人为鬼户。

难道这就是杜甫诗中"鸟鬼"一词的解释吗?

好像还不太对。因为夷人并不养在每户人的家中,也不被人称做"鸟",所以和杜甫提到的"鸟鬼"似乎还是不一样的。

于是刘克博决定亲自去夔峡那里去看一看。

刘克博乘船前往湘江,船行至湘江后,刘克博住在江边的一所小村子里。天刚亮,刘克博就听到了一阵鸟儿的欢叫声,他来到江边一看,啊,好壮观啊!村子里家家都把自己的小船划出来准备打鱼,船上站着一种奇怪的长脖子大鸟,正在扑棱着翅膀怪叫着呢!

"这是什么鸟啊?"刘克博忙过去问。

"鸟鬼!"

"什么,这就是鸟鬼?怎么这么多鸟鬼啊?"

"家家都养,辈辈人都养,我们就靠它打鱼呢!"村里的人回答。

那到底鸟鬼是什么东西呢?

说来很简单,就是我们常说的鸬鹚水鸟。这种长脖子的水鸟身手灵敏,是捕鱼的好手,它可以迅速地扎进水里捕到鱼。它的食嗉特别大,所以常把捕到的鱼先存放在食嗉里。古代的三峡打鱼人发现了鸬鹚的这个特点后,就抓来野生鸬鹚驯养,然后用绳子扎住它的脖子,当做一种捕鱼的工具,鸬鹚捕到鱼后,因为脖子被扎得紧,所以不能自己把鱼吃进肚子里,它一回到船上时,捕鱼人就会倒提着它一抖搂,鸬鹚嗉子里的鱼就全都被倒出来了。

所以,这一带的打鱼人家家都养着这种鸬鹚,还给它起了个滑稽的名字叫"鸟鬼",大概唐代的杜甫来到这里时,看到从未见过的捕鱼景象,他也很吃惊,就把鸬鹚捕鱼的事情写进了诗里。

《夔州图经》里也有这样的记载:峡中人称鸬鹚为鸟鬼,临水居者皆养鸟鬼,系其颈令之捕鱼,得鱼则倒提出之。

可能在唐代或更早的年代里,夔峡一带的人们就用鸬鹚来捕鱼,几百年后,乃至今天,人们还是用这种方法捕鱼,只是已经没有人再把鸬鹚叫做"鸟鬼"了。

岑 参

赤亭峰教子

752 年,一天,岑参在武威办完军务,赶回西域,途经赤亭,戍边的士兵让他题词、赋诗。岑参和这些士兵是老熟人了,也不推辞。刚题完一首诗,不料,挤在当中的一个小孩随口吟了出来。岑参有些吃惊,这里还有这样的孩子。士兵告诉他说:"这个小孩子是个回鹘放羊娃,一次大风,这个放羊娃救了我们 13 个士兵,是我们允许他在这儿放羊的。"岑参转过头问放羊娃:"是谁教你汉语的?"放羊娃说:"是父亲。"一个士兵说:"他家是早年流落到这里的。"放羊娃从怀里掏出一本破旧的书递给岑参。岑参不懂回鹘文,问放羊娃。放羊娃说:"是爷爷写的,叫《论语》。"岑参没再吱声,他抚摸了一下放羊娃的头,给放羊娃题了一幅字:

岑 参

(约 715—770),江陵(今湖北荆州)人,唐代诗人。官至嘉州刺史,世称岑嘉州。诗与高适齐名,并称"高岑"。其诗气势豪迈,情辞慷慨、语言变化自如。代表作有《白雪歌送武判官归京》,著有《岑嘉州诗集》。

"论语博大,回鹘远志。"放羊娃把题词揣到怀里,向岑参鞠了三个躬,高兴地走了。第二天,放羊娃的父亲听说诗人岑参来此,就领着放羊娃找到岑参说,他家是书香门第,原来在漠北草原,因宫廷之乱逃亡西域。他恳求岑参收孩子为义子,教以成人。岑参内心非常喜爱这个聪明伶俐的孩子,又心想,在西域,军队很缺翻译,这孩子可以培养培养。于是,对放羊娃的父亲说:"我是军人,要收他为义子,我得把他带走。"放羊娃的父亲立刻答应了岑参。放羊娃的名字原来叫也里,岑参给他改了个名字叫,"岑鹘"。就这样,岑鹘跟着岑参参军入伍,来到了轮台。

几年过后,岑鹘在岑参的悉心教导下,不仅聪明干练,而且精通汉语和回鹘语。岑参入关赴任,向朝廷举荐了岑鹘。岑鹘没有辜负义父的栽培,一边工作,一边培养了许多翻译。岑鹘晚年回到了家乡蒲昌,享受天伦之乐。他继续教育他的儿孙们,讲岑参的故事。后来,回鹘首领仆固俊尽取西州,建立高昌回鹘王国。岑鹘后代多有在王国为官者。元代,南昌者名尼僧,翻译家舍兰兰就是岑鹘的后代。

张志和

张志和驾草席水上漂

张志和是个多才多艺的诗人,他不但诗写得出神入化,而且擅长绘画和音乐,他与湖州刺史、著名书法家颜真卿是最要好的朋友,两人时时在一起谈诗论画,游玩山水,那时,所有的名山大川几乎都被张志和走遍了。

这一天,颜真卿又召集了许多朋友在家中喝酒,张志和也在座,大家喝到高兴时,一起唱起了张志和所作的《渔歌子》:

西塞山前白鹭飞,桃花流水鳜鱼肥。

青箬笠,绿蓑衣,斜风细雨不须归。

在座的诗人陆羽、徐士衡等,都被张志和诗中的美景所陶醉,一个个摇头晃脑地唱着,十分忘情。"这诗真是太美了,咱们也来模仿着写几首,然后再一起唱好不好?"陆羽的提议马上得到了大伙的赞同,大家不由得提起笔来,当即写下了二十首《渔歌子》。

借着酒力和饱满的情绪,每个人的《渔歌子》都写得很美,诗人们相互传看,相互夸奖,个个都得意非凡。

"我把大家的诗抄写下来,日后也好留个纪念!"颜真卿铺开纸,把二

张志和

(约730—810),中唐诗人,初名龟龄,字子同,婺州(今浙江金华)人。16岁举明经科,肃宗时待诏翰林,后隐居江湖,自号"烟波钓徒"。善于写歌词,能书画、击鼓、吹笛。其诗多写隐逸生活。著有《玄真子集》,为唐代玄言诗的代表诗人。代表作《渔歌子》。

十首《渔歌子》都抄写了下来。

"还应该再配上画,才算是天下一绝!"张志和在一旁说。

颜真卿忙让人准备颜料,张志和挥笔给每一首诗配画。只见张志和的大笔刷刷响,不大一会儿工夫,五大本子画稿出现在大家眼前:

山水美景,都似神仙境界,花鸟鱼虫,个个鲜活逼真,而且与诗中的意境配合得非常恰当。

如此短的时间,画出如此精美的图画,如果不是亲眼所见,谁能相信?

颜真卿看得惊呆了,他把张志和刚刚画完的画稿捧在手上,看了又看,怎么也看不够。从这些画中,颜真卿已看出张志和绝不是凡人,能得到他的画稿是很难得的。事后,颜真卿特意让人做了个锦绣的匣子,把张志和的画稿装起来珍藏。

一年后的一天,颜真卿又带着张志和和许多朋友在外地游玩。这次他们是在一条河旁摆下了酒宴,大家一边喝酒一边欣赏山水,自然十分快乐。

这天,张志和喝酒喝得特别多,似乎十分开心畅快。"张大人,听说您能喝三大缸酒不醉,坐在水上也不湿衣服,是不是真的?"

有人问张志和。

张志和淡淡一笑说:"去,把这块草席铺在河面上,我要给大家表演绝技!"

一张草席铺在河面上,张志和一跃而起,轻轻地落在了席子上,然后张志和端坐在草席上,稳稳当当,草席竟然没有沉下去,也不沾半点儿水花。

"再给我来一壶酒!"张志和坐在草席上大喊大叫。

人们给他送来了酒菜,张志和坐在草席上,就像坐在草地上一样继续饮酒,几大壶酒入肚,张志和不带半点儿醉意。张志和拨动着草席不时地在水面上漂来漂去,有快有慢,发出哗哗的水声,像船儿一样在水面上漂荡。

颜真卿和所有的人一样,看得目瞪口呆。

莫非他真是神仙中人?莫非他有轻功?颜真卿心中暗想。

正在这时,一只白鹤从彩云中降落到河面上,慢慢地飞落在张志和的身边。张志和毫不吃惊,微微一笑,向颜真卿挥挥手,轻盈地跨上白鹤,缓缓飞升到云彩中去了。

从那以后,张志和再也没有回来,而他留下的画稿一直被颜真卿珍藏着,成了难得的画中珍品。

韦应物

韦应物感光阴易逝发奋读书

韦应物是唐代著名诗人,他少年得志,15 岁就入宫为三卫郎,直到 20 岁,他都是个神气十足的皇帝侍卫官。

在这五年中,每年十月,唐玄宗和杨贵妃都会从长安城来到华清宫避寒,每当这时候,韦应物跨着骏马奔驰在浩浩荡荡的皇帝仪卫队伍的最前面;当皇帝要朝会万国的时候,他又是羽林郎,威武地站在大殿上;皇帝到各处打猎、祭祀,他也要跟随护卫;皇帝赐三公九卿、内亲外侄在温泉沐浴,他少不了也要跟随;摆盛筵,吃素斋,他也同受颁赐;梨园弟子艺人们演唱歌舞杂技,他也一同观赏。总而言之,当皇帝、贵妃外戚、重臣们在享乐的时候,这个十几岁的少年侍卫也在与他们一起分享着。

唐朝皇帝对这些年少入宫宿卫的亲贵子弟的教育和出路还是相当关心的,唐中宗就下过诏书:"三卫番下日,愿入学者,听附国子学、太学及律馆习业。"但是这些花花公子们虽然一个个在太学里挂了名,实际上却是整天忙着狎妓、饮酒、赌博,只嫌时间不够,他们哪还有什么时间来读书呢?韦应物在入宫宿卫,跟着皇帝和亲贵官僚们享乐之外,也同样是这样一

韦应物

(约 737—约 791),中唐诗人,京兆万年(今陕西西安)人。少年时以三卫郎事玄宗,后为滁州、江州、苏州刺史。其诗以写田园风光著名,语言简单明了,为历代诗集必选篇目。代表作有《滁州西涧》《拟古诗十二首》《初发扬子寄元大校书》《寄全椒山中道士》等。

个荒唐放纵的太学生。

但是，这种任由韦应物骄宠荒唐的岁月只有五年，一转眼就过去了。安史之乱爆发后，韦应物也失职流落了。他虽在乾元年间又重返太学，恢复了学籍，但由于朝廷换上了一班攀龙附凤的新贵，连身为太上皇的玄宗也受制于肃宗的亲信宦官李辅国，因而像韦应物这样的"旧臣"，在太学里自然落到"憔悴被人欺"的地步，此时他开始感叹年华易逝，深悔"读书事已晚"，但他想即使能亡羊补牢也是好的，于是便开始发奋读书了。

韦应物苏州石刻像

由于自己本身具有的才气，加上家庭环境的熏陶，韦应物终于成了著名的诗人，留下了许多不朽的诗篇。但我们也可以想见，韦应物在年轻时若不是沉迷于声色犬马之中，也不会年纪大了却落得"憔悴被人欺"，他应该会有更大成就的。

孟 郊

孟郊不肯领半份工资

孟郊大约是唐代诗人中最贫困的一个,也是唐代诗人中最散漫的一个。40 岁以前的他,一心只隐居于嵩山之中写诗,丝毫也不过问家人的生活。所以家中一贫如洗,大人孩子饥寒难耐,只得靠孟郊年迈的老母亲去种田种菜,贴补家用。

到了孟郊 50 岁的时候,全家人终于盼来了好消息:孟郊考中了进士,并被派往溧阳县当县尉。虽然县尉工资微薄,但也是一笔固定的收入,全家可以靠这笔收入勉强度日子。为了送孟郊上任,孟郊的老母亲把孟郊的旧衣服都洗得干干净净的,破的地方都补好,好让孟郊穿上上任去。

孟郊到了溧阳县不久,他看到这里山清水秀,生活也比较稳定,就把老母亲也接来住,好让辛苦了一辈子的老母亲过几天舒心的日子。

可是孟郊过惯了山林里的散漫日子,现在突然被关在县衙门里办公

孟 郊

(751—814),中唐诗人,字东野,湖州武康(今浙江德清)人。少年时隐居嵩山,近 50 岁才中进士,任溧阳县尉。孟郊性格耿直,难以与人相处,唯与韩愈交往颇深,有"孟诗韩笔"之称。其诗多寒苦之声,多是抒写自己的人生遭遇,诗风质朴瘦硬,与贾岛并称,有"郊寒岛瘦"之说。代表作有《游子吟》《登科后》《古别离》《秋怀》《游终南山》等。

务,看公文,连出大门的时间都很少,这下可把孟郊憋坏了。

过了一段日子,偶然出去游玩的孟郊发现溧阳城外有处好风景,那里林木扶疏,上有亭子,下有泉水,是块很宜人的风水宝地。

自从看到这块风水宝地后,孟郊就再也忘不掉了。这一天,正在上班的时候,孟郊就让人备了些酒菜,又带上些茶叶和一张琴独自往那泉水处去了。到了泉边,孟郊煮水泡茶,吃着喝着,再加上弹琴吟诗,这一天过得好自在。

从那以后,孟郊就天天想着去泉水旁看风景,对公务一点儿也不上心了。他的桌上公文越堆越高,孟郊也懒得看上一眼。

对于孟郊的不处理公务的做法,溧阳县的白县长早就听到了许多传言,同事们都对孟郊很有意见。可是白县长是个爱惜人才的人,他既珍惜孟郊的才气,也同情孟郊五十多岁才有了工作,家里还有老母亲和孩子要他养活,便不忍心开除孟郊。当同事来告孟郊的状时,白县长总是和气地说:"再忍忍吧,我会抽空和老孟谈谈的!"

三个多月过去了,这三个多月里孟郊几乎什么事情都没有做,整天带着一群城里的年轻文人,在泉边闲坐吟诗,弹琴长啸,闹到天黑才回来倒头就睡。至于他桌上堆积的公文,白县长只好花钱另外找人来批复。

看见孟郊毫无悔改之意,白县长只好向孟郊摊牌了,他诚恳地对孟郊说:"老孟啊,这一段时间你一直不处理公务,同事们对你意见很大啊!再说,咱们这里人少事多,缺一个人手也忙不过来啊!你喜欢写诗,喜欢山水,这心情我也理解,你看这样好不好,我找一个人替你办公,你把你的工资分给他一半,这样你也可以安心地作诗,公事也不会耽误,你看这样好吗?"

白县长说完,期待地看着孟郊。

哪知孟郊一点儿也不领白县长的情,他听完了白县长的话,冷冷地笑了几声说:"白县长,哪里只要给他一半工资,干脆把我的全部工资都给他好了!"

　　"那,你用什么养家呢?还有你的老母亲?"

　　"这就不用您费心!"孟郊说完,一甩袖子走了。

　　第二天一早,孟郊就收拾了自己简单的行李,带着瘦弱的老母亲,离开溧阳县回老家了。他说:"这里我早就不想待了,即使再把我的工资加一倍,我也不干了!"

高　适

高适与各位诗人一起登塔

高适最早与杜甫相遇是在 740 年,二人相遇于山东一带,曾在一起结伴游玩,并结下了很深的友谊。

与杜甫分手几年后,身为封丘县尉的高适,再也无法忍受官府里那种压榨百姓而又忙乱不堪的生活,他辞去了官职,重新变成了一个自由人,又开始了自由的游历生活。

高　适

(约 700—765),盛唐诗人,字达夫,渤海蓨(今属河北景县)人。其诗与岑参齐名,并称"高岑",同为盛唐边塞诗人代表。其诗歌为历代诗集必选篇目,代表作有《燕歌行》《别董大二首》《封丘作》《营州歌》等。有《高常侍集》传世。

说来也巧,当高适来到长安城时,杜甫也正巧在长安城里。

那天,高适正在一家酒楼里闲坐着喝酒,抬头,看到一群人说说笑笑地从楼下走过,高适听到其中的一个声音特别耳熟,仔细一看,那人竟然是杜甫!

"杜子美,杜子美!"高适兴奋地从楼上探出身体,大喊大叫起来。

杜甫抬头一看,天啊,竟然是自己想念已久的好友高适,杜甫高兴得一步冲上楼去,和高适拥抱在一起。

"想死我了老高,你怎么会在这里呢?"

"我也想你呀，子美！我刚刚辞了官，这回又是个自由自在的人了，咱们又可以在一起游玩了！"

"哈哈哈哈！"二人放声大笑起来，惊得酒楼上的酒客们都往他们那里看。

"哎呀，光顾着高兴了，忘了给你介绍朋友！"杜甫两手一拍，拉着高适就往楼下走去。

你猜楼下站着的是谁？

楼下站着的是当时名震一时的诗人们：岑参、储光羲、薛据等。

杜甫一一把这些诗人们介绍给高适，每介绍一个名字，高适都眼睛一亮，而各位诗人们一听说大诗人高适在此，也都兴奋异常。刚从边塞回来不久的岑参当即高叫着："这下我们更开心了，玩起来会更有意思的！"

当天晚上，各位诗人喝酒喝到快天亮，才回客店里睡下。

第二天中午，诗人们才从床上爬起来。匆匆吃过饭后，杜甫就迫不及待地对各位诗人说："今天下午我们去慈恩寺塔游玩，大家都准备好，咱们要当场写诗，比比看谁的诗更好！"

"当然是要比比的了，只怕是高兄见多识广，把我们全比下去了呢！"大家都这么说。

"哪里哪里，这几年光忙着公务了，根本没写什么诗，我的手都生了呢！"高适向大家拱拱手，谦虚地表示。

说着笑着，几位诗人就来到了长安城的慈恩寺塔下，看着远山近水，风轻云淡，诗句也就从各位的口中跳了出来。

岑参诗曰："塔势如涌出，孤高耸天宫。登临出世界，磴道盘虚空。"

杜甫诗曰："七星在北户，河汉声西流。羲和鞭白日，少昊行清秋。"

高适诗曰："千里何苍苍，五陵郁相望。盛时渐阮步，未宦知周防。"

慈恩寺塔上的这三篇佳作，都永远留存在诗歌史中。

这次慈恩寺塔上的创作，被后人评为盛唐诗歌史上的一次盛会。诗圣杜甫、边塞诗人高适和岑参，还有田园诗派的代表储光羲，以及名诗人薛据能在长安城里相逢，差不多是诗史上的奇迹了。

韩　愈

推和敲

　　有一天,韩愈办完公事回府。当时有个规矩,朝廷官员外出,行人遇到必须回避。所以一见韩愈到来,街上行人都纷纷让路,可有一个书生模样的年轻人骑在驴上摇头晃脑,右手还在空中做一推一敲的姿势,丝毫没有躲避的样子。随从人员立刻拥上前,把那人拿下,送到韩愈马前问罪。

　　"你为什么不回避呀?"韩愈生气地问。

　　那个年轻人仿佛才从梦中醒来,眨眨眼睛,忙向韩愈行礼说:"晚生刚才正在作诗,有两个字难以选定,因为心思都用在这两个字上,才忘了回避,因此冒犯大人。"

　　一听作诗,韩愈转怒为喜,忙问:"你在作什么诗?哪两个字难定?"

　　年轻人兴致勃勃地把诗念了一遍说:"就是'鸟宿池边树,僧推月下门'中的'推'字,我想改用'敲'字,又觉不妥。反复思索,一时决断不下。"

　　韩愈听了点点头,一边有节奏地诵读着诗句,一边用手做"推门"和"敲门"的姿势。他用心琢磨了一会儿,大声说:"我看还是'敲'字好。"

韩　愈

(768—824),唐代文学家、哲学家。字退之,河南河阳(今河南孟州南)人。自谓郡望昌黎,世称韩昌黎。官至吏部侍郎。卒谥文,世称韩文公。与柳宗元同为古文运动的倡导者。散文在继承先秦、两汉古文的基础上,加以创新和发展,气势雄健,被列为"唐宋八大家"之首。代表作有《师说》《早春呈水部张十八员外》等。

"为什么呢？请大人赐教。"

"这首诗写的是一位僧人（和尚）月夜访友人的情景。僧人去时已经是夜晚，门自然是关闭的，怎能推门进去呢？'推'不合情理。而且，敲字响亮，在静悄悄的月夜，突然响起敲门声，惊动了栖息在树上的鸟儿，静中有动，意境优美。"韩愈一口气说完了自己的见解。

"大人高见，大人高见。"年轻人佩服地伸出了大拇指。

韩愈纪念馆

韩愈见眼前的年轻人又好学又谦虚，不由得盘问起来，才知他叫贾岛，是来京参加考试的。他爱惜贾岛的人才，让他并马而行，一同回府去。这样，贾岛成了韩愈的学生和朋友，他们经常一起讨论文学上的问题。后来，贾岛也成了一个有名的诗人。

刘禹锡

刘禹锡好为人师遭人恨

唐朝诗人刘禹锡才高八斗，诗名在当时就很大，为人方面则爽直而不拘小节，好为人师，但有时做人不够圆通，所以惹来不少麻烦。

当时的举子在考试前都要将自己的得意之作送给朝廷有名望的官员，请他们看后为自己说几句好话，以提高自己的声誉，称之为"行卷"，这几乎成了一项风俗。有位襄阳才子牛僧孺这年到京城赴试，便带着自己的得意之作来见刘禹锡。刘禹锡本着提携后生的心理很客气地招待了他，听说他来行卷，便打开他的大作，看了一遍后，便毫不客气地"飞笔涂窜其文"，当面大肆修改他的文章。

牛僧孺是个非常自负的人，虽是来求教，其实不过是想向刘禹锡展示一下自己的才华罢

刘禹锡

(772—842)，唐代文学家、哲学家，字梦得，洛阳（今属河南）人。贞元进士，被授监察御史，后又改任太子宾客，世称刘宾客。主要作品有《望洞庭》《竹枝词》等，重要哲学著作为《天论》三篇。有《刘梦得文集》。

了，而刘禹锡本是他的前辈，又是当时文坛大家，亲自修改他的文章，对他创作水平的提高是有好处的。但牛僧孺不相信自己的大作能被改得更好，从此对刘禹锡记恨于心了。

后来由于政治上的原因，刘禹锡仕途一直很不得意，到牛僧孺成为唐朝宰相时，他还只是个小小的地方官。一次偶然的机会，刘禹锡与牛

僧孺在官道上相遇，两个人便顺路同行，天黑后又一起投店喝酒畅谈。酒酣之际，牛僧孺写下一首诗，其中有"莫嫌恃酒轻言语，曾把文章谒后尘"之语，显然对当年刘禹锡当面改其大作一事耿耿于怀。

刘禹锡诗句石刻

刘禹锡见诗大惊，方悟前事之失，赶紧和诗一首以示悔意，才解牛僧孺前怨。

这件事给刘禹锡很大的教训，后来他对弟子说："我当年一心一意想扶植后人，谁料适得其反，差点惹来大祸，你们要以此为戒，不要好为人师啊！"

白居易

白居易诗才高"居天下也不难"

唐代著名文学家、诗人白居易,字乐天,从小就聪慧异常,少年时便极有诗才。

唐德宗贞元初年(785),自居易刚十五六岁时,他拿着自己写作的诗文,到长安谒见著作郎(官职名)顾况。顾况初次见到白居易,觉得他的名字很好玩,便开玩笑说:"长安米价正贵,'居'亦不'易'。"

白居易

(772—846),净乐天,号香山居士。中唐"新乐府运动"的主要倡导者。主要作品有《忆江南》《琵琶行》《长恨歌》《卖炭翁》等,主张"文章合为时而著,歌诗合为事而作",其诗通俗易懂,继承了传统的现实主义手法。

虽说是句玩笑话,可也包含着一点点不信任。及至看过他的诗作《赋得古原草送别》,其中写道:"离离原上草,一岁一枯荣。野火烧不尽,春风吹又生。……"顾况大为赞赏,又对他说:"能作这样的好诗,居天下也不难啊!"

顾况此后在人前极力称道自居易,因而使他在诗坛上获得了一些名声。然而就是有了名声,白居易在长安也确实"居亦不易",他不得不离开"米贵"的长安,在羁旅漂泊之中,过着贫困的生活。

后来他决定下苦功夫,走科举之路。唐德宗贞元十五年(799),他29岁时,以第四名进士及第,随即当上了周至县尉。据他自己讲,为了科举及第,他终日伏案读、写,以至于手臂上都磨出了胼胝(pián zhī)(硬块),可见他确是下了苦功夫的。

白居易教人做烤饼

　　白居易在忠州做官的时候,特别喜欢上街闲逛。这一天,他又脱去官服,来到大街上看热闹。中午时分,白居易饿了,就信步走进一家小饼店,买了两个饼子充饥。

　　刚咬了一口,白居易的眉头就皱起老高,那饼子硬邦邦的,没有香味,难以下咽。可是白居易很爱惜粮食,他不愿把好好的饼子丢掉,就一口一口慢慢吃。

　　小店主看白居易的吃相就知道自己的饼子很难吃,忙拿来一碗水给白居易:"大叔,您喝口水,慢慢吃吧!"

　　白居易喝了口水,就问:"小伙子,生意好不好做啊?"

　　"不瞒您说,俺爹娘在世的时候,俺家的饼子可好吃了,饼子还有个名字,叫'巴记'饼,每天一早就全都卖光了。可是到了我手上,我就是做不出爹娘的那个饼子的味道。这不,眼看买卖就做不下去了,我正愁呢!"

　　"可是你为什么不学学爹娘的好手艺呢?"自居易问。

　　"不是我不想学,是爹娘去世得早,那时我才 13 岁……"

　　说到伤心处,小伙子的眼睛湿润了。

　　"别伤心,只要你肯学,我来教你!"

　　"大叔,你也会做饼?"小伙子吃惊地说。

　　"会做,我做的饼子又香又甜,好吃得很呢!"说着,自居易就站起来,拍拍身上的饼屑,大步走出门去。

　　小伙子愣愣地看着白居易的背影,不知道这个中年人说的话是真是假。

　　第二天早上,巴记饼店一开门,就来了一位黑衣的官差。官差二话没说,就把一个小包袱放在桌子上,说:"这是我们刺史大人送给你的,你好好看看吧!"还没等小伙子问什么,那公差已经走了。

小伙子小心地打开包袱一看,包里是一打白面饼子,吃一口,松松软软,香甜可口,满嘴都是清香。包里还有一张红纸,上面写着饼子的制作配方。小伙子这才知道,那天来的那位大叔原来就是这里的刺史大人啊。

原来白居易从小就爱吃面食,所以他爱研究面食,他在家时做得一手好饼子,做得最拿手的就是"蜂蜜香烤饼"。这饼子的特点就是又香又软,闻起来芳香扑鼻,吃起来松软可口。小伙子得了这个秘方后,十分认真地学习做饼子的技术,不久就做出和白居易一模一样的饼子了。

中秋节到了,一大早,巴记饼店就张灯结彩,鸣放鞭炮,吸引了不少看热闹的人。大家围在门前,闻到一股诱人的香气从小店里传出来,不一会儿,小伙子端出了他的新产品:蜂蜜香烤饼。

看着这新出炉的饼子吧,外壳黄焦焦的,里面软绵绵的,再加上一阵阵扑鼻的芳香味,一下子就把人们的食欲勾起来了。只见大家七手八脚地一阵乱抢,一筐子烤饼就卖完了。

"真好吃啊,比他爹的手艺还好,巴记饼又活了!"几个老年人边吃边说。

"不,它不叫巴记饼!"小伙子站在一条长凳上,高声地对大家说,"从今天起,我家的饼店改名叫'香饼店'。这饼的秘方就是忠州刺史白大人给我的,我要永远记住白大人!"

店里的顾客都热烈鼓掌。

从此,香饼店的生意越做越好,小伙子的日子也过得红红火火,但他一直都没忘记白大人。白大人去世后,小伙子的饼店又改名为"香山饼店",他在每一张做出的饼子上都印上三个大字——香山饼。

李 绅

作诗悯农

　　唐朝时候，亳州出了一名大诗人，名叫李绅。李绅自幼好学，20岁中了进士，皇帝见他学识渊博，才学出众，招官翰林学士。有一年夏天，李绅回故乡亳州探亲访友。恰遇浙东节度使李逢吉回朝奏事，路经亳州，二人是同榜进士，又是文朋诗友，久别重逢，自然要盘桓一日。这天，李绅和李逢吉携手登城东观稼台，二人遥望远方，心潮起伏。李逢吉感慨之余，吟了一首诗，最后两句是：何得千里朝野路，累年迁任如登台。意思是，如果升官能像登台这样快就好了。李绅此时却被另一种景象感动了。他看到田野里的农夫，在炎热的阳光下锄地，不禁感慨，随口吟道：

李 绅

(772—846)，字公垂，无锡（今属江苏）人。与元稹、自居易交游颇密，并共同倡导写作新乐府。代表作有《悯农》等。

　　　　锄禾日当午，汗滴禾下土。

　　　　谁知盘中餐，粒粒皆辛苦！

　　李逢吉听了，连说："好，好！这首做得太好了！一粥一饭得来都不易呀！"

　　李绅仰天长叹了一口气，接着又吟道：

　　　　春种一粒粟，秋收万颗子。

四海无闲田，农夫犹饿死！

李逢吉一听，天呀，这不是在揭朝廷的短吗？这小子好大胆！回到书房，李逢吉对李绅说："老兄能否将刚才吟的两首诗抄下来赠我，也不枉我二人同游一场。"李绅沉吟一下说："小诗不过三四十字，为兄听过，自然记得，何必抄录？若一定落笔，不如另写一首相赠。"李逢吉只得说："也好，也好。"于是，李绅又提笔写下一首：

垄上扶犁儿，手种腹长饥。

窗下织梭女，手织身无衣。

我愿燕赵妹，化为嫫女姿。

一笑不值钱，自然家国肥。

写好，递与李逢吉斧正。李逢吉看了，觉得这首诗在指责朝廷方面比上两首更为具体。第二天，李逢吉便辞别李绅，离亳州进京了。李逢吉表面上对李绅很好，可内心里却想拿他做垫脚石，再高升一级。他回到朝上，立即向皇上进谗说："启禀万岁，今有翰林院学士李绅，写反诗发泄私愤。"武宗皇帝大吃一惊，忙问："何以见得？"李逢吉连忙将李绅诗奉上。武宗皇帝召李绅上金殿，拿出那首诗来。

李绅看看，说道："这是微臣回乡后，看到民生疾苦，即情写下的，望陛下体察民情！"武宗说："久居高堂，忘却民情，朕之过也，亏卿提醒。今朕封你尚书右仆射，以便共商朝事，治国安民。"李绅叩头道："谢皇上！"武宗又道："此事多亏李逢吉举荐。"李绅则对李逢吉感激不尽。而李逢吉呢，听说李绅不但没获罪，反而升了官，又惊又怕，正胆战心惊，李绅却登门向他表示谢意。李逢吉更是蒙在鼓里，只好哼之哈之。不久，李逢吉被调任为云南观察使，降了官，这时他才感到自己是偷鸡不成蚀把米。李绅的三首悯农诗，千百年来人们只见到前两首。这第三首《悯农诗》被传到皇宫，后来哪里去了呢？直到近代，人们才在敦煌石窟中的唐人诗卷中发现。

柳宗元

遇到捕蛇人

柳宗元在永州住了好几年,也没有得到朝廷的任用。他只好在潇水西岸买了一块荒地,盖起草堂,准备长期住下来。他经常到附近走一走,有机会接触劳动人民。

当时的永州,是一个人烟稀少、荒凉偏僻的地方。但是,这里的百姓年年都要交很多的租税。

柳宗元

(773—819),唐文学家、哲学家,字子厚,河东解(今山西运城西)人,世称柳河东。散文峭拔矫健,说理透彻,结构谨严,诗风格清峭,与韦应物并称"韦柳"。代表作有《江雪》《捕蛇者说》等。

有一天,在一条山路上,柳宗元看见一个衣着破烂的男人,手拿木棍在草丛里拨弄着什么,就上前问道:

"老乡,你在找什么呀?"

"蛇。"那男人回答。

"找蛇做什么用啊?"柳宗元奇怪地问。

那男人就一五一十地说起来。原来,永州郊外有一种毒蛇,黑色的身子,上头还有许多白色的花纹。这种蛇可毒了,谁叫它咬了,准得死。可如果把它捉住了,晒干后又能做成一种特别贵重的药,能治不少难治的病。朝廷为了能得到这种蛇来做药,规定凡是一年里交两次蛇的人,就可以免征他的租税。因此,不少永州百姓都冒着生命危险去捉这种蛇。

"你贵姓呀?"柳宗元听后问。

"姓蒋。"男人回答。

"你家一直以捉蛇为业吗?"

"从我爷爷起已经干了三代了。"

"捉毒蛇不是十分危险的事吗?"

听柳宗元这么一问,那男人忍不住流下了眼泪,又诉说起来:

"这是豁着性命在干哪!我爷爷是给毒蛇咬死的,我爹也是给毒蛇咬死的。我现在又接着捉,已经好几次差点叫毒蛇咬死,不知哪天我也会……"

"我帮你说说情,不叫你干这捉毒蛇的差事,恢复你应交纳的赋税,你看好吗?"柳宗元听了一阵心酸地说。

想不到那男人更伤心了,流着眼泪说:

"您可千万别去说这个情啊!"

"这是为什么?"

"这些年,乡邻们为了交纳租税,往往把地里打下的粮食全交了,也还不够,只得到处讨饭,常有饿死在路上的。从前跟我爷爷一起居住的人家,到现在十家剩不下一家,只有我按规定每年献上两次蛇,就不用交纳租税,日子倒还过得去。您想想,捉毒蛇虽然有危险,可总不像我的乡邻那样天天为交纳租税担惊受怕吧?"

柳宗元想:这租税比毒蛇还厉害呀!他把这件事记了下来,就是著名的散文《捕蛇者说》。文章揭露了繁重的租税带给人民的苦难,向统治者提出了强烈的控诉。

永州八记

永州虽然地处偏僻,但是境内山岭起伏,河流纵横,风景倒很优美。柳宗元自从贬官来到这里以后,心中忧愤难平,就常常出去散步解闷,或者到郊外去徒步旅行,游览风景。

他初到永州的时候,住在城内东山的寺庙里。寺西有一座亭子,从那儿可以俯瞰全城,也可以远眺四周的风光。九月的一天,柳宗元坐在这个亭子里,发现远处的西山景色特别美。于是,他立刻约了几个人去游西山。

他们沿着小河来到西山脚下,只见山势高峻,怪石嶙峋,满山是杂草树木,他们只得披荆斩棘(jí),艰难地向上攀登。好不容易爬到山顶,四下一看,那无边无际的原野,重重叠叠的山峦,幽深的山谷,曲折的河流都尽收眼底。人好像在天上一样。

看到这些美景,柳宗元顿觉心胸开阔。他们摆上随身带的酒菜,一边饮酒,一边赏景,高兴得什么都忘了,直到天黑才回家去。回到家里,柳宗元写了一篇散文《始得西山宴游记》,记叙了这次游览的经过。

从这以后,柳宗元的游兴更浓了,隔不了几天又去游玩。在山的西边,他又发现了一个水潭叫钴鉧(gǔ mǔ)潭,冉溪是潭水的源头。这溪水的上游和下游流得很急,撞在山石上激起雪白的浪花。它曲折东流,到钴鉧潭才平缓下来。潭有将近十亩大,水很清,周围全是树,岩石上有泉水流下来。看着这优美的风光,柳宗元兴奋地自言自语:

"真是神仙住的地方啊!"

柳宗元非常喜欢钴鉧这个地方,多次去那里游玩。有一天,潭边的

一户人家,突然找到柳宗元,对他说:

"先生,官府的租税繁重,我缴不上,也还不起私人的债务。我见先生喜欢这潭边风光,想把潭边的田卖给您,好换点儿钱养活一家子,您看行吗?"

柳宗元见他说得可怜,就答应了。不久,柳宗元加高了岸上的台子,还把高处的泉水引到潭中,使它发出悦耳的响声。于是,他又写了一篇《钴鉧潭记》来记载这件事。

后来,柳宗元又游览了钴鉧潭西边的小丘、小石潭以及其他许多地方,先后写了八篇游记。这就是千百年来被人们传诵的"永州八记"。

皇甫湜

性情暴躁的皇甫湜

  中唐诗人皇甫湜生得相貌堂堂,却有一副高傲不驯的性格。他在朝里做官时,曾经因为喝多了酒与同事们抬杠,出口伤人,惹得同事都很怨恨他。等皇甫湜酒醒后,也为自己说的话十分后悔,但事情已无法挽回,同事间的怨恨也难以消除。皇甫湜考虑了一番,决定自己主动要求调出京城去,就给宰相递了份辞呈,没想到,宰相竟很痛快地批准了他的请求,马上将皇甫湜调出京,让他去外地工作。

  到了外地之后,皇甫湜因为工资十分微薄,难以养家糊口,就托人求情才来到裴晋公手下做了个小吏。刚来的时候,他对裴晋公十分恭敬,一见到裴晋公必是深深行礼,裴晋公并不小看他,对他也十分关照。

皇甫湜

(777—835),唐代文学家,字特正,睦州新安(今属浙江淳安)人。元和年进士,官工部郎中。师从韩愈学古文,思想倾向与韩愈相近。其诗仅三首传于世:《出世篇》《题语溪石》《石佛谷》。

  有一年裴晋公打了一次大胜仗,扫平了叛军,皇上赏了他许多金银珠宝,裴晋公就把自己得到的奖赏全部拿出来,建造了一座很有气派的佛塔。塔建好之后,裴晋公想让白居易给写一篇文章,雕刻在塔身上。

那天，裴晋公正在和手下的人商量如何去请白居易的时候，正巧皇甫湜也在座。他听了裴晋公的话，突然站起来吼声如雷地对裴晋公说："大王您眼前就有我这个会写文章的人，为什么还要跑得远远的去求白居易写文章呢？我的文章和白居易的文章相比，我比他好得多了！您看不起我，我只好请求辞职了！"

其他的人看到皇甫湜敢对功名赫赫的裴晋公大吼大叫，一个个吓得腿都打哆嗦。而皇甫湜却面不改色，对着裴晋公深施一礼，就要告辞而去。

哪知，裴晋公听了皇甫湜的吼叫并不生气，反而很大度地给皇甫湜赔礼说："并不是我看不中先生您的文章，而是因为先生您是大手笔，怕这点小事您不肯接受，所以才去求别人的。既然先生您不怕麻烦，也不嫌这件事情小的话，我也正希望先生您来写这篇文章呢！"

皇甫湜听了这话，才平息了怒气，又向裴晋公要了一罐子酒，才回家写文章去了。

皇甫湜回到家里，先喝了半罐子酒，睡了香香的一觉，然后乘着兴致挥笔就写，不一会儿就写成了一篇文章。第二天一大早，皇甫湜把文章誊写好了，就拿去给裴晋公看了。

"果然是篇锦绣好文章！我这篇碑文一定流传千古了！"裴晋公看过后赞不绝口。

光是夸奖还不够，裴晋公马上让人收拾一大堆东西给皇甫湜送过去当稿费。这笔稿费包括：一辆车，一匹宝马，一大堆精美瓷器和许多银两。裴晋公亲自写了一封信，信中极力称赞皇甫湜的这篇文章是盖世奇文，夸奖皇甫湜是天下难得的文章高手。

宝马香车拉着一车东西往皇甫湜家里隆隆而去。官府里的其他人都羡慕得不得了，大家站在大门口一边看热闹，一边议论说："咱们的大王真是爱惜人才啊，你看皇甫湜写这么一篇文章，就换来一大车东西，这东西足够他用一辈子的！等着看吧，一会儿皇甫湜一准得来谢恩！"

可是事情完全不像大家想的那样,一大车东西送到皇甫湜家里后,皇甫湜看了裴晋公的亲笔信后突然又大发脾气:"在我一生中,只给顾况写过一篇序文,现在我写给裴晋公的文章,一定会流芳百世,可是裴晋公才给我这点东西!你回去告诉他,我的文章一共是三千字,一个字给我三匹锦缎,少一点也不行!"说完,还把裴晋公的信撕成两半,丢在地上。

押送东西来的小兵又气又怕,快马加鞭地回去把皇甫湜的这番话告诉了裴晋公。所有的人都被皇甫湜的无礼和狂妄气坏了,大家纷纷摩拳擦掌,要把皇甫湜抓来撕成碎片才解恨。

只有待人宽厚的裴晋公照例淡淡地一笑,说:"我早就想到他会这样的,这才是真正的文人性格啊!"

贾 岛

贾岛苦吟"推"和"敲"

　　贾岛是著名的苦吟派诗人,他常常会为了一句诗或是诗中的一个字,不惜耗费心血、时间,苦思冥想。

　　有一次,贾岛骑着毛驴走在长安的大街上。那时正是深秋时分,秋风一吹,落叶飘飞,景色十分迷人。贾岛诗兴大发,吟出一句"落叶满长安"来,但一琢磨,这是下一句,还得有个上句才行。他就苦思冥想起来,一边骑驴往前走,一边念念叨叨。刚好对面有个官员过来,不住地鸣锣开道,锣声很大,贾岛却完全没有听见。那官员见贾岛骑驴闯了过来,非常生气,贾岛此时却忽然有了灵感,大叫一声:"秋风生渭水。"那官员吓了一跳,以为他是个疯子,就叫人把他抓住关了一夜。贾岛虽然吃了不少苦头,却成功地作出了一首诗。

贾 岛

(779—843),唐代诗人,早年出家为僧,人称"诗囚",又被称为"诗奴",一生不喜与人往来,唯喜作诗苦吟,在字句上很下工夫。今存诗 405 首,有《长江集》。代表作有《题李凝幽居》《寻隐者不遇》《剑客》等。

　　贾岛吃了一回亏,还是不长记性。没过多久,他又一次骑驴闯入官道。他当时正在苦苦琢磨着一首名叫《题李凝幽居》的诗。

　　他觉得第二句"鸟宿池边树,僧推月下门"中的"推"也可以换成"敲",可他不知是用"敲"好还是用"推"好,于是嘴里就不停地念叨着,手上还做着推和敲的动作,不知不觉中,就闯进了大官韩愈的仪仗队里。

韩愈是个有涵养的人,问明了贾岛闯入仪仗队的缘由,便对他说:"还是用'敲'好,万一门是关着的,推不开呢?再说晚上去别人家,还是敲门比较有礼貌!而且一个'敲'字,使幽静的黑夜多了几分声响。静中有动,岂不活泼?"贾岛听了连连点头称赞。这一次,贾岛不但没受处罚,还和韩愈交上了朋友。

敢和皇上争抢的贾岛

这一年,贾岛经过艰苦努力终于考中了进士,正住在长安城里的法乾无可精舍里等候任命他的消息。

闲来无事,常有一帮京城里的诗酒朋友来到寺里,和贾岛饮酒谈诗,谈到高兴时,他们的笑声常传到屋外,很远就能听到。

这一天,贾岛刚刚送走了一帮朋友,心情很是兴奋。他回到楼上,想着方才和朋友欢聚的情景,忍不住提笔写下了一首诗。

贾岛写诗有个习惯,写成的诗句必须出声地吟诵,反复吟诵之后,感到诗句很上口,读起来很舒服,贾岛才满意地把诗传抄出去。正因为他这个习惯,人们送他个外号叫"苦吟诗人"。因为入迷地苦吟,贾岛常常忘乎所以,几年前他还在路上冲撞了大官刘栖楚,被抓去关了一夜才放出来呢!

此时的贾岛写出了几句诗,又开始在屋里徘徊着高声地吟诵起来。正值秋季,寺里香客来来往往,从贾岛的窗户传出来的吟诵之声吸引了一个人。

你猜这人是谁?

这人正是微服出来游玩的皇上唐宣宗。唐宣宗这天心情不错,也没有什么事情,就一个人悄悄地溜出宫门,到寺里转转看看。正走到一处楼下时,他听到了楼上传来的吟诗声,唐宣宗被这声音吸引着,不知不觉地走到楼上,走进了贾岛的房间里。

贾岛独自一人正在专注地吟诗，对走进来的人看也没看。

　　唐宣宗倒也不怪贾岛，在屋里转了一转，一伸手，就把贾岛放在案子上的诗稿拿了起来。没想到这个举动惹恼了贾岛，贾岛不知道来的这个人是谁，他想都没想就伸手狠狠地推开唐宣宗的胳膊，抢过了唐宣宗手里的诗稿，瞪起眼睛说："你这个人怎么这样不懂礼貌，随便动别人的东西干什么！"

　　贾岛的粗暴举动使唐宣宗感到很意外，也很没趣，他愣了一下，就甩了甩袖子下楼去了。

　　贾岛却还在气呼呼地说："我最不喜欢别人看我没写好的诗！"

　　等唐宣宗下了楼，贾岛趴在窗户上看时，他发现一大群人正在窗下守候着，人们小心翼翼地陪着从楼上下来的人走了。贾岛看着那穿戴不凡的人们，突然意识到自己闯祸了！

　　方才与他争抢的人，看那气质风度，很可能就是皇上！

　　坏了坏了！贾岛当时吓出了一身冷汗，他立刻冲下楼去向皇上请罪，可等他跑到寺院门口时，只看见一辆豪华的车子隆隆而去，哪里还有皇上的影子呢？

　　贾岛垂头丧气地走回来，再也没有心情吟诗，只能独坐着发愣。

　　第二天，贾岛又托人进宫打听消息，还把自己写的请罪书送给皇上，但没有接到皇上的回音。

　　几天后，贾岛被任命为遂州长江主簿，这是一个偏远地方的小官，收入微薄，贾岛当然明白这是因为什么，他只好委屈地上任去了。

　　此后，贾岛一生都没做过重要的官，一生都很清贫。贾岛去世时，家里只有一头病驴，一张古琴，连安葬的钱都没有。

元 稹

元稹家里遭雷击

831 年，51 岁的元稹在武昌做官的时候，在附近的乡下买了块地，想在这里盖一所别墅养老。

不久，元稹新别墅的大房子上了房梁，花园也盖得差不多了，朋友们都赶来向元稹祝贺。元稹就在新别墅的花园里摆了酒席，趁机和朋友们庆贺一番。

庆贺酒宴一直喝到了黄昏，正当大家最开心的时候，天气突然起了变化。一团团乌云滚动着涌向这里，天色顿时暗下来，阵阵雷声从远处传来。元稹知道马上会有一场暴雨来临，他指挥着用人们把酒桌往亭子里抬，好让客人们都到亭子里暂且避一避雨。

刚安排好客人们坐下，一阵白茫茫的大雨便随风而来。狂风把树木刮得东倒西歪，一道道闪电像刀刃一样切割着阴暗的天空，雨柱穿过亭子间的花格子洒到客人们的身上，湿淋淋、凉丝丝的，客人们都忍不住打起了哆嗦。

正在这时，一个巨大的雷声从天边滚过，巨型的闪电把天地照成明晃晃的惨白色，浑身寒冷的客人们吓得抱着头藏到桌子底下，谁也不敢抬头看天边。

"咔嚓嚓！"一声震耳欲聋的雷声过后，大地似乎都摇动起来，客人们感觉像是坐在大船上一样东倒西歪，站立不住。巨雷声刚过，就听见似

元 稹

(779—831)，中唐诗人，字微之，河南洛阳人。与白居易友善，二人诗风相近，常有诗作唱和，世称"元白"。代表作有《连昌宫词》《离思五首》等。

乎有什么东西从天而降，"轰"的一声落在了元稹家的花园里。

胆大的人透过亭子间的花格子往外看了看，天啊！花园里落了不少的死鸟，方才那"轰"的一声掉下的东西，却是一头死牛，死牛的眼睛还瞪得大大的，简直吓死人了。

看到这种可怕的景象，人们都吓得怪喊怪叫，有人把头紧紧地贴在泥地上，任雨水钻进自己的耳朵里。

可是，狂风暴雨还在继续，雷声一阵紧似一阵，更可怕的事情还在后面。

方才风雨到来时，正好有一个贩油的小车队经过元稹家的别墅附近。推车的人本想赶在风雨之前找个地方避雨，不曾料到风雨来得这么快。他们只好把小车停在元稹家的大门旁，缩在墙边避风雨。

正在这时，响起来地动山摇的雷声，大地也随之摇晃起来，赶车的人吓得一齐趴在泥水里，用手捂住耳朵，两眼紧闭。

天啊！大地都在抖动呢！

几秒钟后，大地停止了抖动，赶车人才偷偷地睁开眼睛，擦了擦脸上的雨水，看看外面究竟发生了什么。

啊！他们惊讶地发现，原本放在车上的七个大油篓子竟然都不见了！不知道飞到哪里去了！

再爬起来四处看看，也没看到油篓落在哪里。

此时在元稹家花园里避雨的人们，却听到了一声惊天动地的巨响，又好像有什么东西重重地落在了他们身旁。这时人们几乎被这可怕的风雨吓得昏厥过去了，没有人敢爬起来看看到底是什么东西落了下来。

也不知过了多久，暴雨似乎过去了，狂风也不再刮了，元稹家的花园里安静下来。吓坏了的客人们浑身早就被雨水浇透了，一个个满面泥污，满身草屑。

在元稹的别墅外避雨的那些推车的人，这时大起胆子进到元稹家花园里寻找那些不翼而飞的大油篓。他们看到花园里到处都是折断的树木和死鸟,还有一头瞪着白眼珠的死牛。有人无意中抬头往高处看了一下,马上吃惊得大叫起来,他到底看到了什么?

七个大油篓子,齐刷刷地排在元稹家刚刚架好的房梁上,而且一滴油都没漏!

新房梁真结实,竟然没有被这些大油篓子砸断!

这到底是怎么回事呀?元稹惊叫了一声,吓得当时昏倒在地。就在这一年,新别墅还没有完工,元稹便得了急病,突然去世了。

李 贺

李贺 7 岁能作诗

这天一大早,韩愈就把自己的学生皇甫湜找来问道:"最近,我听说京城里出了个小神童,名叫李贺,你知道这件事吗?"

皇甫湜听了点点头说:"知道是知道的,我还看过几首他的诗,写得确实不错,只不过,听说他才有 7 岁,人太小了!"

韩愈倒不以为然,他打断了皇甫湜的话说:"诗人不分大小,只要天分高就行,我看我们得赶快打听一下这个小诗人的住处,亲自见一见才好。这样吧,你今天就派人出去打听李贺的住处,我要亲自去看他。"

皇甫湜一听说韩愈这样的大官要亲自去看一个小孩子,吃惊得眼珠瞪得老大。韩愈并不理会皇甫湜的吃惊,又说了句:"还不快去,愣着干什么!"就去忙自己的事情了。

当天下午,皇甫湜就打听到了李贺的住处。第二天上午,一辆马车隆隆驰来,停在了李贺家破旧的院子外面。闻声出来迎接他们的是李贺的父亲李晋肃。

李 贺

(790—816),中唐诗人,字长吉,福昌(今河南宜阳)人。李唐皇室远支子弟。家世早已没落,生活困顿。童年即擅长写诗,被韩愈、皇甫湜欣赏,并与沈亚之友善,死时仅 27 岁。其诗善于运用神话传说,创造出新奇瑰丽的意境,具有强烈的浪漫主义色彩,也是历代诗集必选篇目。代表作有《马诗二十三首》《南园十三首》《雁门太守行》等。

李晋肃是认识韩愈和皇甫湜的,他看到两位大文人亲自登门,不知道出了什么事情,吓得脸都变了颜色。

韩愈忙安慰李晋肃说:"别担心,我没有什么事情,只是想见见你的儿子李贺,听说他的诗写得很好嘛!"

李晋肃忙恭恭敬敬地把两位大人物让进屋里,又叫人找来了李贺。

韩愈和皇甫湜一看,这哪里是什么诗人啊,分明就是一个小小的顽童吗?只见李贺扎着一个小朝天辫子,衣服脏脏的,满脸的土,大概方才正在外面淘气吧!

李晋肃把两位大人物介绍给李贺,李贺见了韩愈和皇甫湜一点也不害怕,深施一礼后就站在旁边。韩愈问他:"最近写了什么好诗,可不可以拿来给我们看看呢?"

两人看过李贺写的诗后,韩愈又说:"我想给你现在出一个诗题,你能不能写出来?"

"我试试看吧!"李贺又深施一礼。

"那就以今天我们来看望你为题吧!"

"好吧,请二位稍候片刻!"

李贺说罢,抹了抹脸上的脏汗,就背转身体面对着墙壁默想了一会儿,一首名为"高轩过"的诗就作好了。

殿前作赋声摩空,笔补造化天无功。

韩愈只看了前两句,就已赞不绝口了。

然后,韩愈认真地和李晋肃商量了一下,决定把李贺带到自己的府里,用心地教他读书作诗。没过几天,李贺就住进了韩愈的家里,成了韩愈学堂里年纪最小的学生。

李贺在韩愈家里学习,韩愈除了教他知识外,还得照顾李贺的生活。

李贺太小了,连脸都洗不干净,头发也不会梳,韩愈看见了,常常亲自给李贺洗头洗脸,给他梳小辫子,帮他系好腰带。

李贺学习特别用功,诗写得很有个性,跟随韩愈学习后,李贺的诗更有长进,一点也不比大学生差。李贺长大后,真像韩愈期待的那样,成了风格独特的著名大诗人了。

杜　牧

杜牧的《阿房宫赋》惊动考官

　　这一年,杜牧进京参加考试。考试完毕,还没有发榜的时候,大家都在京城里等候着考试的消息。

　　有一天,太学博士吴武陵去宾馆里找人,看到十几个文人正兴高采烈地低头看一本书,看得十分专注。"什么文章这么吸引人?"他凑过去一看,原来这些人正在看的是杜牧的一篇文章,名叫《阿房宫赋》。

　　吴武陵把《阿房宫赋》抄了下来,回到家里认真地读起来,越读越觉得文章的美妙,越读越觉得杜牧这个人是天下少有的奇才。

杜　牧

(803—852),字牧之,唐代诗人,与李商隐齐名,世称"小李杜",有《樊川文集》

　　又一打听,原来杜牧也参加了今年的考试。吴武陵出于爱才的心理,想给主考官崔郾通告一声,免得错过了杜牧这个人才。

　　听了吴武陵的这番介绍后,崔郾也对杜牧这个人感兴趣了。"那篇《阿房宫赋》在哪里,让我也读一下!"吴武陵立刻把文章拿了出来,他没让崔郾看,却高声地诵读起来。

　　"此人文章真如行云流水,读起来圆润畅快!"吴武陵赞不绝口。

　　吴武陵抑扬顿挫的朗诵,更增强了杜牧文章的魅力,崔郾也听得如醉如痴,他也认为这是一篇难得的好文章,也要抄一篇留下来好好品味。

　　"那么,这么好的文章,这么难得的人才,你是不是应该给他个第一名呢?"吴武陵趁机说道,"这也算是你为皇上发现了一个优秀人才啊!"

"可是不巧的是,第一名已有人选了!"崔郾停下手里的笔,为难地说。

杜牧书法

"那么,就请把他列到前五名里吧!"吴武陵又说,他的脸色变得难看起来,声音也很激烈。

"恐怕也难……"崔郾又说。

"为什么?"

"我听说的和你听说的不一样。我听说杜牧这个人一贯行为放荡,在扬州时常出入各种不良场所,风流又张狂,他的名声不太好呢!"

吴武陵听崔郾这么说,脸顿时拉得很长,"把稿子还给我吧!和你这个人谈文章简直是对牛弹琴!"他一把抢过崔郾手里的文稿,又狠狠地瞪了崔郾一眼,一甩袖子走了。

崔郾愣了老半天也没缓过神儿来,他不明白吴武陵为什么这么生气。

那年杜牧虽然中了进士,但吴武陵却不肯原谅崔郾,他认为崔郾不会选拔人才,也不懂文章,他对崔郾一直很有意见。

而崔郾当时心里想的是,杜牧光是文章写得好有什么用,如果人品不好,再高的才学也是没有价值的。

李商隐

此情可待成追忆

　　李商隐是一个穷书生，兼又因为准备娶李党王茂元的女儿为妻，很快就被当政的牛党赶出朝廷，在长安再无立足之地。文宗开成四年（839）二月，李商隐只好借李十将军昭国坊的南园成亲。由于卷入"牛李党争"的旋涡，他的一生困顿不得志。当过九品县尉，又远离家庭和妻子儿女；后来又经历了母亲、岳父去世，生活更加无着，只好辗转于桂林、徐州、梓州等节度幕府，靠摇笔杆子生活，为他人作嫁衣裳。

李商隐

（约813—约858），字义山，号玉谿、樊南生，怀州河内（今河南沁阳）人，唐代著名诗人。擅长诗歌写作，骈文文学价值也很高，他是晚唐最出色的诗人之一，其诗构思新奇，风格秾丽，尤其是一些爱情诗和无题诗写得缠绵悱恻，优美动人，广为传诵。作品收录为《李义山诗集》。

　　从开成四年同王氏结婚，到宣宗大中五年（851）秋天妻子逝世，夫妻结合十二载，离多聚稀，在一起生活的日子不到三年。

　　尽管如此，李商隐夫妇仍相依为命、相濡以沫。李商隐善抚琴，王氏善弹瑟，夫妻之间可谓"琴瑟和鸣"；结婚后五年，他们有了一个女儿；又过了四年，生了一个儿子，李商隐给儿子取名叫"衮师"。"衮"，古时天子的礼服，也指代帝王。李商隐希望自己的儿子将来不要再像自己只是一个"商山隐者"，而能够成为"王者之师"。他在《骄儿诗》中不无自豪地说:"衮师我骄儿,美秀乃无匹。"看着一对儿女承欢膝下,再贫穷的生活也觉得甜蜜。

大中二年(848)李商隐失去桂林幕府掌书记的职务,一直赋闲在家。到三年十一月,虽然王氏已经有病在身,但是为了一家生计,李商隐不得不冒着大雪赴徐州再转汴梁幕府。他安慰妻子:"后年二月,我们成婚的纪念日,我一定回来。"临离别时,大雪纷飞,他写了《对雪二首》,说:"龙山万里无多远,留待行人二月归。"

李商隐在斑骓马上足足走了三十天,才过大梁(今河南开封),留有"腊月大雪过大梁"的诗句。

大中五年(851)秋,李商隐忽然接到妻子病重的消息,他赶紧辞幕,往家里跑。李商隐到家时已经是黄昏,他还不知道妻子已经逝世,长卧于床上。到了家门口,太阳已经快要下山,他看见两个孩子痴痴地坐在门槛上对着西天的落日。李商隐心痛地问孩子:"为什么坐在门口?"

"母亲已经躺在床上起不来了,我们昨天下午就坐在门槛上,一直坐着等到天亮,父亲还没有到家。我们又回卧房去叫母亲,母亲已经不会说话了。"

李商隐赶紧进了卧房,他突地扑在王氏的遗体上,放声大哭……

妻子确实死了……这天夜里,他为王氏洗了身子,通报给有关亲戚以后,对着王氏平时所弹的锦瑟,感叹"归来已不见,锦瑟长于人",痛感物是人非:人走了,锦瑟仍在;锦瑟的寿命比人还长久!对着一双儿女,他想起了孩子在门槛上一直等着自己到天亮的情景,又拿起笔添了两句放在第二联。《房中曲》是一首五言古诗:

> 蔷薇泣幽素,翠带花钱小。
>
> 娇郎痴若云,抱日西帘晓。

枕是龙宫石,割得秋波色。

玉簟失柔肤,但见蒙罗碧。

忆得前年春,未语含悲辛。

归来已不见,锦瑟长于人。

今日涧底松,明日山头檗。

愁到天地翻,相看不相识。

在作完《房中曲》之后,李商隐将妻子安葬在蓝田玉山之上;他又写了许多悼念妻子的诗,还到蓝田玉山妻子陵墓前去祭奠,写了《谒山》《玉山》《锦瑟》等悼亡诗,感悼妻子。《谒山》云:

从来系日乏长绳,水去云回恨不胜。

欲就麻姑买沧海,一杯春露冷如冰。

在《玉山》诗中,同样发出"何处更求回日御"的感叹。

在李商隐的二十多首悼亡诗中,感人最深而又最是朦胧缥缈的莫过于《锦瑟》了:

锦瑟无端五十弦,一弦一柱思华年。

庄生晓梦迷蝴蝶,望帝春心托杜鹃。

沧海月明珠有泪,蓝田日暖玉生烟。

此情可待成追忆? 只是当时已惘然。

他将妻子生前所弹的锦瑟一直带在身边,一天,他对着锦瑟痴痴地问:"锦瑟啊,你平白无故为什么要一齐断成五十根弦呢?"唐代的瑟一般是二十五弦,现在无端一齐断了,他用"断弦"来寄托妻子的亡逝。

看着锦瑟的一弦一柱,他回忆起两人的共同生活。

李商隐夫妻感情深笃,王氏逝世以后,李商隐写了二十多首悼亡诗,悼念死去的妻子,并且从此终生不再续弦。四个月后他将一双儿女托付给连襟韩瞻，自己孤身一人到四川梓州柳仲郢幕府。他一路向西，踽踽独行，经过秦蜀交界的大散关，像三年前"腊月大雪过大梁"一样，地上的雪铺有三尺高。李商隐想到再也没有人给自己寄寒衣了，在大散关旅舍，他写了《悼伤后赴东蜀辟·至散关遇雪》：

剑外从军远，无家与寄衣。

散关三尺雪，回梦旧鸳机。

他想到妻子去世时自己不能守在她身旁的遗憾，他发誓要像望帝春心化成杜鹃啼血那样，终生永志不忘，永远寄怀心中的痛悼之情。

温庭筠

温庭筠"多嘴"断仕途

晚唐诗人温庭筠才思敏捷，能弹琴，会吹笛，还特别擅长作诗吟词。据说，他叉手八次就能作成八韵的小赋，其快捷程度可以与曹植的七步成诗相媲美，所以时人称他为"温八叉"。

然而，这样一个聪明人却多次参加科举考试而不中，不是卷入政治纠纷，就是违反考场纪律。这不单单是因为他运气不好，主要还是因为他不懂人情世故，不会处理人际关系。他曾经得罪了一些权贵人物，尤其是与当过宰相的令狐绹关系不好。

温庭筠早年投身于令狐绹的府中，代笔写了不少公文与诗词。唐宣宗喜欢唱《菩萨蛮》这首词，令狐绹为了讨皇帝欢心，让温庭筠重新填

温庭筠

（约812—870），晚唐诗人，与李商隐齐名，并称"温李"，是第一位专力填词的诗人，被称为"花间派"鼻祖。其词集有《金荃集》。

了一些歌词，然后以自己的名义献了上去，并特意嘱咐温庭筠不要说出去。谁知温庭筠当时满口答应，一转身就将这件事传得路人皆知。令狐绹非常恼火，从此就跟他疏远了。

后来发生的一件事更是让令狐绹很不高兴。一次，令狐绹读书遇到个不懂的典故，就向温庭筠请教。温庭筠告诉他出自《南华经》，本来说到这里也就够了，可他偏偏要多说两句："《南华经》并不是什么罕见生僻

的书,希望相国您公务之余抽时间多读点儿古书。"这简直就是当面辱骂宰相大人不学习。令狐绹心中气愤,当面又不好发作,背后就向皇帝报告说温庭筠有才无行,不能让他登第。宰相的小报告一上去,任"温八叉"多么有才,也难登仕途了。

事后,温庭筠也觉得自己这事做得过分了,写诗表示悔恨:"因知此恨人多积,悔读《南华》第二篇。"

温庭筠作品集

宋辽金时期

范仲淹

乐于助人的范仲淹

　　范仲淹不仅是北宋著名的文学家,也是一位勤政爱民的好官员。范仲淹在朝为官时因得罪了宰相吕夷简,被贬到了饶州做知州。他在饶州为官仅18个月,却做了很多为民众称颂的大好事,深受饶州人民的爱戴。

　　一天,范仲淹正在署衙办公,听下人说,有个穷书生在署衙门前想求见范大人。于是他命下人把穷书生引进客厅。范仲淹从书生的谈吐中,发现他很有才气,而且有报国大志,感觉十分欣慰。书生告诉范仲淹自己现在生活非常贫困,已经身无分文,连饭都吃不饱,却仍然想进京参加科考,此次前来求见,就是想寻求范仲淹的帮助。

　　范仲淹很同情他的处境,也很欣赏他的才华和志向,就给他出了一个主意。他叫随从拿出纸墨,陪同穷书生前往饶州城东荐福寺,拓欧阳询的碑帖,到京师卖给达官贵人。按当时的规定,这个碑刻是不可随便拓印的,由于有范仲淹的手令,寺

范仲淹

(989—1052),字希文,苏州吴县(今江苏苏州)人,北宋政治家、文学家。他工于诗词散文,所作文章富于政治内容,词传世仅五首,风格较为明健,代表作有《渔家傲》《苏幕遮》《岳阳楼记》等。《岳阳楼记》中的名句"先天下之忧而忧,后天下之乐而乐",传诵千古。著有《范文正公集》。

中和尚就破例允许了,但由于当时天色已晚,他们只能第二天再拓。

　　不料,这一天夜里雷雨交加,石碑被击得粉碎。穷书生伤心欲绝,只怨自己命运不佳。典故"时来风送滕王阁,运去雷轰荐福寺"的后一句指的就是此事。范仲淹也对此感到惋惜,为了不让穷书生错过科考,便从自己微薄的薪水中拿出银两资助他,穷书生含泪收下,赴京参加科考去了。

范仲淹谏善言保众臣

　　北宋仁宗时期,有一支起义军在首领张海的带领下攻城略地,有一天他们去攻打高邮城。高邮的知军晁仲约反复考虑后,认为自己的力量还无法抵御他们,就晓谕城中的富户,拿出一些金银玉帛、牛羊好酒前去迎接和犒劳张海,张海欣喜高邮人的热情举动,竟然未去攻打。

　　此事传开以后舆论大哗,朝廷里的文武百官都十分生气,皇上也动了怒,大臣富弼也建议诛杀晁仲约。

　　范仲淹却另有看法,他说:"一般来说,一个郡县的兵力,是完全能够战胜这帮乌合之众、守住城池的。晁仲约遇到强盗不组织力量予以抵抗,反而贿赂他们,

兴化县衙(范仲淹纪念馆)

当然应该依法追究。可是当时高邮城里的情况是既没有一兵一卒,又没有一枪一戟,况且老百姓的心理是'消财免灾',所以,大家宁愿凑集些财物,而免于被烧杀掠夺。因此他们对晁仲约的决定就非常赞同,若在这种情况下杀了晁仲约,恐怕就不符合我们当初制定法律的本意了。"

　　宋仁宗听后觉得有理,便饶恕了晁仲约。

　　富弼在事后却十分气愤地对范仲淹说:"皇上正要依法行事,你就跳出来多方阻挠,今后朝廷凭什么治理百姓?"

范仲淹悄悄地对他说："老兄，宋朝自开国以来，还未曾轻率地诛杀过一个大臣，这是阴积盛德的好事，我们为什么要轻易破坏了圣上的这一德行呢？倘若以后皇上把手杀顺了，恐怕我们就会成为砧上之肉了。"

范仲淹雕像

富弼当时还不以为然，以后他与范仲淹奉命出京去巡视边防，富弼先从河北返回京城，到了京城大门时，守门的却不准他进去了。富弼一时怎么也猜测不透朝廷的意思，这一夜他惊恐不安，在床边踱来踱去，觉得弄不好会有杀身之祸，因为即使自己不做坏事，又怎能避免被人诬陷呢？皇帝对他人不开杀戒，那么自己相对也是安全的，倘若皇帝杀出性来，谁又能保证哪天他不杀了自己呢？想到这里他不由得感叹道："范公有先见之明，真是个圣人啊！"

柳 永

柳永奉旨填词

柳永是北宋有名的婉约派词人,当时有"豪苏腻柳"之称,他的词如江南的妙龄少女,清新婉约,细腻独到。

柳永少年时到都城汴京应试,流连于青楼,结识了很多歌伎,并且替她们作曲填词。北宋初年,词刚刚兴起,是一些教坊制作出来让歌女唱的小曲,大多低俗不堪。后来一些文人们也兴之所至,为歌女们填词,但那也不过是在花前月下、酒席宴间,谈情说爱、饮酒助兴的一种消遣,难登大雅之堂。所以柳永整天

柳 永

(约 987—约 1053),字耆卿,原名三变,北宋词人,婉约派最具代表性的人物之一。

在"秦楼楚馆"里"浅斟低唱",为歌女们作词,便被看成是行为狂荡的浪子。

他本以为凭自己的才华,参加科举考试一定能高中,没想到一发榜却名落孙山。于是他就大发牢骚,写了一首词《鹤冲天》,来抒发自己落榜后的苦闷心情。这本来是柳永科举失意后的负气之作,没想到这首词很快就流传开来,最后让宋仁宗看到了。

柳永第二次参加科举考试,本已考中进士,谁知宋仁宗一看中榜名单中有柳永的名字,就直接把他给除名了,并且说:"且去浅斟低唱,何要

浮名!"还在他的试卷上批了四个字："且去填词。"

柳永受此打击后,依然我行我素,自嘲自己是"奉旨填词柳三变",做不了俯首称臣的奴才,做个特立独行的词人又何妨? 于是,他一头扎进了市民堆里,穿梭于青楼歌榭、柳巷花街间,去填词度曲。

柳永纪念馆

就这样,柳永就成了中国历史上第一个专业填词的词人。

晏　殊

晏殊以诚实得信任

北宋政治家、文学家晏殊，字同叔，抚州临川（今属江西）人，他小时候便以诚实著称。在他 14 岁时，有人把他作为神童举荐给皇帝。皇帝召见了他，并要他与1000 多名进士同时参加考试。结果晏殊发现考试是自己十天前刚练习过的，就如实向真宗报告，并请求改换其他题目。宋真宗非常赞赏晏殊的诚实品质，便赐给他"同进士出身"。

晏　殊

（991—1055），字同叔，抚州临川（今江西抚州）人，北宋著名词人，谥元献，世称晏元献。当时名臣范仲淹、欧阳修、富弼和词人张先等均出其门，他工诗文，尤善词。代表作有《浣溪沙》《蝶恋花》《破阵子》等。

晏殊当职时，正值天下太平，京城的大小官宦都经常到郊外游玩或在城内的酒楼茶馆举行各种宴会。晏殊家里相对比较贫穷，无钱出去吃喝玩乐，只好在家里和兄弟们读写文章。有一天，真宗提升晏殊为辅佐太子读书的东宫官。大臣们对此惊讶异常，不明白真宗为何作出这样的决定。真宗说："近来群臣经常游玩饮宴，只有晏殊闭门读书，如此自重谨慎，正是东宫官的合适人选。"

而晏殊谢恩后却说："我其实也是个喜欢游玩饮宴的人，只是家贫而已。若我有钱，也早就参与宴游了。"宋真宗听了哈哈大笑，直夸晏殊敢说真话。

这两件事，使晏殊在群臣面前树立起了诚实的信誉，而宋真宗也更加信任他了。后来晏殊成为北宋两朝重臣，官至礼部、刑部、兵部尚书，封临淄公。

晏殊爱惜后生得佳句

晏殊是北宋文坛上地位很高的文人，《宋史》说他"文章赡丽，应用不穷。尤工诗，闲雅有情思"。他一生富贵优游，所作多吟成于舞榭歌台、花前月下，而笔调闲婉，音律谐适，词语雅丽，为当时文坛耆宿，在北宋文坛上享有很高的地位。诗、文、词兼擅。

有一次，晏殊路过扬州，在城里玩累了，就进大明寺里休息。进了庙里后，晏殊看见墙上写了好些题诗。他挺感兴趣，就找了把椅子坐下，让随从给他念墙上的诗，却不许念出题诗人的名字和身份。

随从念了一会儿，晏殊觉得有一首诗写得挺不错，就问："哪位写的？"随从回答说："写诗的人叫王琪。"晏殊就叫人去找王琪来聊天。

王琪被找来了后，晏殊跟他一聊，还挺谈得来，他吃饭。吃完饭后两恰逢晚春时节，满地都是落花，一阵小风吹过，花瓣一团团地随风飘舞，非常有诗意。晏殊看了一会儿，触动了诗情，不由得对王琪说："王先生，我每想出个好句子，就写在墙上，再琢磨个下句。可有个句子，我想了好几年，也没琢磨出个好下句。"

王琪连忙问："请大人说说是个什么句子？"

晏殊就念了一句："无可奈何花落去。"王琪听后想了一下说："您干吗不对个'似曾相识燕归来'呢？"

晏殊一听便拍手叫好说："妙，妙，太妙了！"

王琪的下句对得确实好，跟上句一样，说的都是春天的景色。拿"燕归来"对"花落去"，既工整又巧妙。用"似曾相识"对"无可奈何"也恰到好处。这两句的音调正好平仄相对，念起来非常和谐好听。

晏殊对这两句非常喜欢，他写过一首词《浣溪沙》，里边就用上了这

副联语,词曰:

  一曲新词酒一杯,去年天气旧亭台。夕阳西下几时回?无可奈何花落去,似曾相识燕归来。小园香径独徘徊。

  这首词写作者在花园饮酒,看到满地落花,心里十分伤感。虽说词的情调不太高,不过,写得情景交融,艺术上还是有可取之处的。晏殊非常喜欢"无可奈何花落去,似曾相识燕归来"这两句,后来他在一首七言律诗里也用了这两句。

欧阳修

欧阳修勤学认真成文学大家

北宋时的欧阳修,字永叔,庐陵(今江西省吉安市)人,历史上杰出的文学家和史学家。他4岁那年,父亲去世了,家里生活非常困难。他的母亲郑氏一心想让儿子读书,可是哪里有钱供他上学呢?郑氏左思右想,决定自己教儿子。郑氏年轻时在娘家受过几年教育,加上自己酷爱读书,颇有些学识,教儿子识字自然不成问题。她买不起纸笔,就拿荻草秆在地上写字,代替纸笔,教儿子认字。这就是历史上有名的"画荻教子"的故事。

欧阳修聪明伶俐,读书也非常刻苦专心,什么书读过数遍就能背诵。家里的书读完了,他就向一李姓的很富有的邻居借书。遇到重要的书还亲手抄写一部。经过母亲的辛勤教育,再加上自己的努力,使他在少年时代就打下了很好的文化知识基础。

有一次,他在李姓邻居家里偶然发现了唐朝大文学家韩愈的《昌黎先生集》,便借来阅读。宋朝初年,有些人写文章,只追求辞藻华丽,句子和句子之间讲究对称,内容却非常空洞。韩愈的文章内容充实,说理透彻,一下子就把欧阳修吸引住了。欧阳修越读越觉得有味道。他立志要做韩愈这样的文学家,于是下

欧阳修

(1007—1072),字永叔,号醉翁、六一居士,谥文忠。北宋时期政治家、文学家、史学家、诗人。曾与宋祁合修《新唐书》,并独撰《新五代史》。作品有《醉翁亭记》《六一词》等,他所著的《六一诗话》是我国文学史上第一部诗话。著有《欧阳文忠公文集》。

苦功钻研阅读,甚至连吃饭和睡觉都忘记了。这本书对他后来的文学思想有极大的影响。

欧阳修20多岁的时候,到西京(今河南省洛阳市)做留守推官(地方行政长官的助手),当西京留守钱惟演的幕僚。钱惟演是当时有名的文人,他手下的许多幕僚,都很会写文章,有一次,钱惟演在西京修建了一所驿舍,叫尹师鲁、谢希深和欧阳修三个幕僚各写一篇文章,记述这件事情。三个人把写好了的文章拿来互相观看,谢希深的文章700字,欧阳修的文章500多字,只有尹师鲁的文章300多字。尹师鲁的文章虽短,文字却十分精练,叙事清晰、完整,而且结构严谨。欧阳修看了,不甘心落在尹师鲁的后面,就带了酒去拜访他。两人讨论文章的写法,彻夜不眠。

尹师鲁对欧阳修说:"你的文章写得还好,不过格调较低,废话较多。"欧阳修明白了自己文章的缺点,就重新写了一篇。重写的文章比尹师鲁的还要少二十几个字,内容却更加完整。尹师鲁看了之后,非常钦佩,对人称赞说:"欧阳修进步真快,简直是一日千里!"

后来欧阳修总结自己的写作经验,说:"写文章要有三多,看得多,做得多,还要同别人商量得多。"

欧阳修的写作态度严肃认真。每当他写好一篇文章,就贴在墙壁上,不管是坐下还是躺下,随时可以看到并加以修改,一直改到他自己满意,才肯拿出来给别人看。据说,他写的著名散文《醉翁亭记》的原稿开头写道,滁州(今安徽省滁县)四面有山,东面有什么山,西面有什么山,南面是什么山,北面又是什么山,这一来,就写了好几十个字。写完一看,觉得太啰唆,就反复修改,到最后定稿的时候,只剩了"环滁皆山也"五个字,这样开头,字数极少,语言精练,意思又都表达清楚了。

到了晚年,欧阳修又把过去所写的文章,一篇篇拿出来,仔细地进行修改。他的夫人劝阻他说:"为什么要这样吃苦呢?你又不是学生,难道还怕先生责怪吗?"他笑着回答说:"我虽然不怕先生责怪,但是怕后生讥笑。"

正是由于这样的勤学和认真,使得欧阳修有了博大的文学学识和深厚的文学素养,终成为北宋古文运动的领袖,被公认为"唐宋八大家"之首,在我国文学史上占有重要地位。他一向反对浮华艰涩的文风,提倡文章要写得通俗流畅。他还积极培养人才,对当时的诗文革新运动作出了很大的贡献。他的散文、诗、词都写得很好,是一位具有多方面才能的作家。他一生写了大量的著作,除了诗文集《欧阳文忠公文集》150多卷以外,还编写了两部历史著作,一部是和宋祁等人合编的《新唐书》,另一部是《新五代史》。这两部史书,为后人研究历史提供了宝贵的史料。

欧阳修一生之所以能取得这样大的成就,主要靠他自己的勤奋努力,认真向学,同时和他母亲早年的辛勤教育,给他打下了坚实的文化知识基础也是分不开的。

王安石

王安石寻求"生花笔"

王安石是北宋著名文学家,从小就志向远大,曾自己挑着书箱行李,离开家乡临川,跑到很远的地方去求学。在名师杜子野先生的指导下,他常常勤奋苦读到深夜。

一天,王安石在书中看到一个故事,故事说李白在梦中得到一支笔头上长有花朵的笔,因此才会才华横溢,名闻天下。于是,王安石拿着书去问杜子野先生:"先生,人世间真有'生花笔'吗?我能得到吗?"

杜子野听后笑了笑,拿出一大捆毛笔,对王安石说:"这里有999支笔,其中有一支是'生花笔',究竟是哪一支,连我也辨不清楚,你还是自己找吧。你只有用每支笔去写文章,写秃一支再换一支,就这样一直写下去,才能从中寻得'生花笔'。除此以外,没有别的办法了。"

从那以后,王安石按照杜子野先生的教导,

王安石

(1021—1086),字介甫,号半山,谥文,封荆国公,世人又称王荆公,北宋抚州临川人(今江西省东乡县上池村人),中国历史上杰出的政治家、思想家、文学家、改革家,唐宋八大家之一。其亦擅长诗词,流传最著名的莫过于《泊船瓜洲》"春风又绿江南岸,明月何时照我还"一句。

每日苦读诗书,勤练文章,最后将先生送给他的998支笔都写秃了,仅剩一支。一天深夜,他提起第九百九十九支毛笔写了一篇《策论》,突然,他觉得文思泉涌,行笔如云,一篇颇有见地的《策论》一挥而就。他高兴地跳了起来,大声喊道:"找到了,我找到'生花笔'了!"

从此,王安石用这支"生花笔"作诗写文章,接着乡试、会试连连及第,以后又用这支笔写了许多改革时弊、安邦治国的奏章,他后来被人们称为"唐宋八大家"之一。

王安石教导苏轼谦虚向学

王安石是北宋时期的宰相、著名的改革家,他不但在政治上有极高的建树,而且博学多才,为时人所不及,大文豪苏轼就非常佩服他。

苏轼字东坡,是当时非常著名的文学家、书画家,比王安石小 15 岁,他天资聪颖,过目成诵,出口成章,被时人称为:"有李太白之风流,胜曹子建之敏捷。"苏东坡曾官拜翰林学士,在宰相王安石门下做事。王安石很器重他,然而,那时的苏轼还比较年轻,自恃聪明,常常说出一些得罪人的话。

王安石雕像

有一次,苏轼和王安石坐在一起谈文字,论及坡字,坡字从"土"从"皮",于是王安石认为"坡乃土之皮"。苏东坡笑道:"如相公所言,滑字就是水之骨了。"王安石听了呵呵笑了,但心中很不高兴,不过当面也不好发作。

又有一天,王安石与苏东坡谈及鲵字,鲵字从"鱼"从"儿",合起来便是鱼的儿子的意思。苏东坡又调侃地说:"鸠可作九鸟解,毛诗上说:'鸣鸠在桑,其子七兮。'就是说鸠有七个孩子,加上父母两个,不就是九只鸟吗?"王安石觉得苏轼这是自作聪明,心里就十分反感,觉得他还欠历练。

后来,苏轼在湖州做了三年官,任满回京。想当年因得罪王安石,落得被贬的下场,这次回来应投门拜见才是,于是便往宰相府来。

此时，王安石正在午睡，书童便将苏轼迎入东书房等候。苏轼闲坐无事，见砚下有一方素笺，原来是王安石两句未完诗稿，题是咏菊。如果是会做事的人，肯定会夸奖王安石的文采，但是苏轼还是自以为聪明，他笑道："想当年我在京为官时，他写出数千言，也不假思索。三年后，正是江郎才尽，起了两句头便续不下去了。"苏轼把这两句诗念了一遍，不由叫道："其实，这两句诗是说不通的。"

那句诗是这样写的："西风昨夜过园林，吹落黄花满地金。"在苏东坡看来，西风盛行于秋，而菊花在深秋盛开，最能耐久，随你焦干枯烂，却不会落瓣。想到这里，苏轼就觉得自己的想法实在是太好了，便在王安石的诗后面添了两句："秋花不比春花落，说与诗人仔细吟。"待写下后，又想如此抢白宰相，只

临川王安石纪念馆

怕又会惹来麻烦，若把诗稿撕了，不成体统，左思右想，都觉不妥，便将诗稿放回原处，告辞回去了。第二天，皇上降诏，贬苏轼为黄州团练副使。

苏轼在黄州任职将近一年，不知不觉已经到了秋天。这一天，忽然刮起了大风，风息之后，后园菊花棚下，满地铺金，枝上全无一朵。苏轼一时目瞪口呆，半晌无语，此时方知黄州菊花果然落瓣！他不由得对友人道："小弟被贬，只以为宰相是公报私仇，谁知是我错了。我自以为是，真的是大错特错啊！"

苏轼认识到了自己的错误，便想找个机会向王安石赔罪：想起临出京时，王安石曾托自己取三峡中峡之水用来冲阳羡茶，由于心中不服气，他早把取水一事抛在脑后。于是便想趁冬至节送贺表到京的机会，带着中峡水给宰相赔罪。

此时已近冬至，苏轼告了假，带着因病返乡的夫人经四川进发了。在夔州与夫人分手后，苏轼独自顺江而下，不想连日鞍马劳顿，竟睡着

了,等到醒来,已是下峡,再回船取中峡水又怕误了上京时辰,又听当地老人道:"三峡相连,并无阻隔,一般样水,难分好歹。"便装了一瓷坛下峡水,带着上京去了。

苏轼先来到相府拜见宰相。王安石命门官带苏轼到东书房。苏轼想到去年在此改诗,心下愧然。又见柱上所贴诗稿,更是羞惭,便跪下谢罪。

王安石原谅了苏轼以前没见过菊花落瓣。待苏轼献上瓷坛,取水煮了阳羡茶。王安石问水是从哪里取的,苏轼回答说:"巫峡。"王安石笑道:"又来欺瞒我了,这明明是下峡之水,怎么冒充中峡的呢?"苏轼一下子慌了神,急忙辩解说是误听当地人言,三峡相连,但不知宰相是怎么辨别出来的。王安石语重心长地说道:"读书人不可道听途说,定要细心观察,我若不是到过黄州,亲见菊花落瓣,怎敢在诗中乱道?三峡水性之说,出于《水经补注》,上峡水太急,下峡水太缓,唯中峡缓急相半,如果用来冲阳羡茶,则上峡味浓,下峡味淡,中峡浓淡相宜,今见茶色半天才现,所以知道是下峡的水。"苏轼听了以后,自愧弗如。

王安石又把书橱都打开,对苏轼说:"你只管从这二十四橱中取书一册,念上文一句,我若答不上下句,就算我是无学之辈。"苏轼见书橱中书如此之多,心中不信,便专拣那些积灰较多,显然久不观看的书来考王安石,谁知王安石竟对答如流。苏轼不禁汗颜,赞叹道:"老太师学问渊深,非我晚辈浅学可及!"之后苏轼的性格终于变得谦虚,更开始发愤学习,并与王安石成为至交好友。

苏轼尚且如此,而那些才不及东坡者,更应谨言慎行,谦虚好学。一个人读不尽天下的书,参不尽天下的理。正如古人所说:"宁可懵懂而聪明,不可聪明而懵懂。"所以说,一个人要小聪明是没有好处的,尤其是在智者面前班门弄斧,这样的行为是非常不可取的。

苏 轼

苏轼学老农做"东坡居士"

　　苏轼是我国北宋时期的文学家、诗人,豪放词派的代表人物。他和父亲苏洵、弟弟苏辙,在宋代文坛上皆享有盛名,被后人称之为"三苏",还被列入唐宋古文八大家。若从学问这个角度来看,苏轼算不上是一个很严谨的学者;但是在为人处世上,苏轼却是一个变通的能手。

　　虽然后来苏轼在文学上取得了不菲的成就,但是他的人生经历却坎坷多舛。早在青少年时代,聪颖好学的苏轼便"奋厉有当世志",具有报国安民的雄心。北宋仁宗嘉祐二年(1057),年仅 21 岁的苏轼与弟弟苏辙同科进士及第,深受文坛领袖欧阳修的赏识。然而,就在这个时候,苏轼的母亲病故了,苏轼立即与父亲、弟弟回乡奔丧,并在家守丧两年。

　　继母亲去世以后,苏轼接着又经历了丧妻、丧父之痛,仅仅当过三年多的凤翔府签判。接着,王安石变法,尽管苏轼主张革新政治,却力主渐进,坚决反对王安石的变法,遭到了新党的不满,他们常常想办法孤立苏轼。宋神宗熙宁四年(1071)元月,苏轼被任命为杭州通判,此后辗转到密州、徐州和湖州。后来,新党中的投机政客以"谤讪

苏 轼

(1037—1101),字子瞻,是一位才华横溢的艺术家,他在诗、词、散文、书法、绘画等各个领域都有杰出的成就。有《东坡全集》传世。

新政"的罪名将他逮捕,企图将他置于死地,这就是著名的"乌台诗案"。

经过多方营救,苏轼被责授黄州团练副使,但是不得签书公事。这是他在政治上遭到的第一次重大打击。苏轼在黄州待了四年,这一时期也是他一生中极为重要的时期。为了糊口,他不辞劳苦,情愿做个躬耕自给的农夫,也不受他人的怜悯。

苏轼的好友马梦得曾替他在东城门外请领了一处荒弃的营地耕种。苏东坡一向爱好白居易的诗,当年白居易做忠州刺史时作有一首《东坡种花诗》,而忠州、黄州皆是他们的谪地,且都是在城东,所以苏轼就给这块土地称之为东坡,从此自号为"东坡居士"。黄州的生活对于苏轼来说变成了一种享受,他在此地交游,读书作文,以豁达的心境享受着这里的田园之乐。

宋神宗元丰七年(1084)三月,宋神宗手诏苏轼改任汝州团练副使,诏中有"人才实难,不忍终弃"的句子,苏轼看了既感动又欣喜。不久神宗驾崩,新皇帝登基,小皇帝赵煦年方9岁,由祖母高太后摄政。在治国上,高太后倾向于保守派,反对变法,她对于苏轼的才华也颇为赏识,于是就召苏轼回京,到任五日以礼部郎中召还京师,很快升迁为起居舍人、中书舍人,成为官居三品的翰林学士,负责起草诏书,即翰林学士知制诰。苏轼达到了他一生仕途的最高峰,也是他人生的又一个转折点。

但在政治上,苏轼既反对王安石的改革派,也不入司马光的保守派,可谓是两派的共同敌人,这一次自然也在劫难逃。宋哲宗绍圣元年(1094)十月,苏轼又被贬到惠州,他在这里学习佛经,吟咏创作,支撑他的无疑又是他的达观和洒脱。绍圣四年,一些反对派看到苏轼还有如此旺盛的生命力,自然是恨得咬牙切齿,于是,苏轼再次被贬为琼州别驾,被安置于昌化军,也就是儋州,位于海南岛的西北部,即所谓的"天涯海角"所在地,这里可是历代贬官的最远的地方。可是苏轼在此依旧活得有滋有味,更为可喜的是他的创作在此时也极为丰富。

宋哲宗元符三年(1100)正月,哲宗驾崩,年仅24岁,即位的是宋徽宗,向太后垂帘听政。向太后也是倾向于爱戴元丰老臣的,于是流放边地的许多人接诏内迁,当时有人作诗曰:"时雨才闻遍中外,卧龙相继起东南。"苏轼也是在这次的召还之列,年过花甲的苏轼得以召还,自然感慨万千,他与苏辙决定聚首常州。

不幸的是,他在到达仪真的时候染病,坐船来到常州后,仍不见好转,而且病情日益加剧,后于宋徽宗大观元年(1107)七月二十八日病逝,终年66岁,死后苏辙遵遗嘱将其葬于汝州的峨眉山。

总之,苏轼的后半生一直处于新党与旧党斗争的夹缝之中,几起几落,饱经忧患。虽然他任地方官时有所作为,但却远远没能实现其富国强兵的抱负。晚年的他,更是境况凄凉,令人悲叹。

然而,在我们的印象中,苏轼绝非那种悲悲切切、顾影自怜的落魄者,而是一个豪迈洒脱、个性鲜明、开一代风气的大作家。确实,作为中国文学史上最杰出的作家之一,苏轼尽管有失望、有牢骚、有悲愤,却始终在追求人生的价值和个性的张扬。这首先取决于他那高尚正直的人格,忧国忧民的精神,乐观开朗的胸襟,随遇而安的生活态度。而这一切,都倾注于他终身不息的文学创作之中。虽然一生命运坎坷,事业屡遭不顺,但是他却从不气馁,也不放弃,在逆境中写出了很多传诵至今的豪放派诗词,表现了他变通的做人原则和达观的人生态度。

在临终之时,苏轼把三个儿子叫到身边说:"我一生没有做过坏事,我不会下地狱。"话中充满了自信与达观,他曾说:"吾上可陪玉皇大帝,下可以陪田园乞儿,眼前见天下无一个不好人。"他执著而善于变通,独特的思维和人格,无论在朝还是在野,都始终如一地保持着自己,未曾有所改变。

而今天我们吟读苏轼之诗、之文、之词,品味其书画,再看他得意或者贬谪之时的所作所为,可以得到很好的启迪。

如他那首脍炙人口的《念奴娇·赤壁怀古》，其词曰：

大江东去，浪淘尽，千古风流人物。故垒西边，人道是，三国周郎赤壁。乱石穿空，惊涛拍岸，卷起千堆雪。江山如画，一时多少豪杰。遥想公瑾当年，小乔初嫁了，雄姿英发。羽扇纶(guān)巾，谈笑间，樯橹(qiáng lǔ)灰飞烟灭。故国神游，多情应笑我，早生华发。人生如梦，一樽(zūn)还酹(lèi)江月。

该词全篇气势磅礴，格调雄浑，撼人心魄，为宋词开创了全新的境界，被誉为"千古绝唱"。吟诵这壮美的辞章，谁能想到苏轼已经被贬黄州，正承受着巨大的精神压力？所以，得亦不喜，失亦不忧；顺境思危，逆境亦乐，才是我辈应有的变通处世之道。

苏轼与苏小妹戏谑斗趣

北宋大文豪苏轼有个妹妹，世称苏小妹，能诗善对，人又聪明，据说其诗才不在其两个哥哥(苏轼、苏辙)之下。

苏小妹长得不胖不瘦，薄薄的丹唇，圆圆的脸蛋，乌溜溜的大眼睛，再配上高高的额头，突出的颧骨，一看就是一副调皮的样子。她从小就爱与两个哥哥比才斗口，一派天真，尤其是大哥苏轼满腮胡须，肚凸身肥，穿着宽袍大袖的衣服，不修边幅，不拘小节，更是她斗口的对象，他们整天在家口战不休。

一天苏东坡拿妹妹的长相开玩笑，形容妹妹的凸额凹眼是：未出堂前三五步，额头先到画堂前。几回拭泪深难到，留得汪汪两道泉。

苏东坡形容妹妹长得难看，一般女孩子都会勃然大怒的，但苏小妹却不是，只见她嘻嘻一笑，当即反唇相讥：一丛衰草出唇间，须发连鬓耳杳然。口角几回无觅处，忽闻毛里有声传。

这诗讥笑的是苏轼那不加修理、乱蓬蓬的络腮胡须。女孩子最怕别人说出她长相的弱点,苏小妹额头凸出一些,眼窝深一些,就被苏轼抓出来调侃一番。苏小妹说苏轼的胡须似乎又还没有抓到痛处,觉得自己没有占到便宜,再一端详,发现哥哥额头扁平,了无峥嵘之感,又一副马脸,长达一尺,两只眼睛距离较远,整个就是五官搭配不合比例,当即喜滋滋地再吟一诗:天平地阔路三千,遥望双眉云汉间。去年一滴相思泪,至今方流到腮边。

苏轼一听,乐得拍着妹妹的头大笑不已。苏家兄妹戏谑(xuè)起来,可以说百无禁忌,常常是语带双关,让人一不小心就着了道。

黄庭坚

黄庭坚与平襄楼的故事

话说 1096 年，因为替亦师亦友的苏东坡打抱不平，51 岁的大书法家黄庭坚被下放到涪州做别驾，安置在黔州（今重庆彭水），过了两年，因为不晓得改正，又被发配到现在的宜宾带兵，那时是 1098 年。苏东坡更是倒霉，已经被发配到海南岛的儋州了。

那个时候的宜宾距离苏东坡的故乡眉山只有两天的路程，于是黄庭坚以苏东坡弟子的身份到眉山替苏东坡回家一趟尽一份孝心，然后找些眉山的土特产托好朋友为远在天涯受苦受难的苏东坡带了过去。

把苏东坡的心愿了了，黄庭坚又到雅安拜望自家堂姑。他的堂姑是原籍芦山（当时称泸山）的张阆的三夫人，唯一的儿子也就是黄庭坚

黄庭坚

(1045—1105)，字鲁直，自号山谷道人，晚号涪翁，又称豫章黄先生，洪州分宁（今江西修水）人。北宋诗人、词人、书法家，为盛极一时的江西诗派开山之祖。

的小老表在青神做县尉。张阆的大儿子张祺娶眉州才女史琰为妻。史琰出身眉山望族，熟稔经、史、子、集，能书善画，她在芦山与张祺举案齐眉，吟诗唱和，并将夫妇二人唱和之诗文收集成册名《和鸣集》。现在张阆早就病故，张祺也去世十年了。

大书法家黄庭坚来了，既然是亲戚，史琰就请黄庭坚为张祺写墓志

铭,黄庭坚答应了。对芦山特别有感情的史琰就把一套樊敏碑的拓片和芦山绿菜送给了黄庭坚。

对于黄庭坚这样的大书法家来说,800年前的汉朝隶书可是宝贝啊,这么好的宝贝,也该给苏东坡弄一些过去啊。于是黄庭坚来到了芦山亲自观摩樊敏碑,亲自在樊敏碑旁边的大林溪捞绿菜。

黄庭坚送刘季展诗帖

张闿在芦山的门生故旧也多,黄庭坚虽然落魄了,但毕竟做过多年京官啊,史琰的侄子杨巽亲自出面招待黄庭坚,今天听书,明天煎茶,后天喝酒,那种热情的架势,让饱受世态炎凉的黄庭坚文思泉涌,于是《绿菜赞》《煎茶赋》就问世了。

黄庭坚要走了,杨巽代表大家请黄庭坚为即将开工的平襄楼题写楼名,在京城常听三国的黄庭坚毫不犹豫地答应了,而且参照京城建筑为平襄楼的设计做了许多修改,然后自己掏腰包,在现在的县委那里修一座对花楼作为平襄楼的姐妹楼。

祭祀姜维的平襄楼修好了,杨巽将《绿菜赞》和《煎茶赋》勒石为碑存于平襄楼楼内,供大家临摹。因为修建平襄楼黄庭坚出力很多,所以芦山老百姓取姜维的姜,黄庭坚的庭,也称平襄楼为姜庭楼。

黄庭坚纪念馆

秦 观

秦观联求苏小妹

秦观是北宋著名词人,"苏门四学士"之一,与苏轼交好。

传说苏轼有一个聪明无双、资质过人的妹妹叫苏小妹,她的才华和父兄比起来毫不逊色。苏轼就有意撮合妹妹和自己的好友秦观。

秦观曾听说过苏轼取笑苏小妹容貌的诗,以为苏小妹可能相貌丑陋,至于才学,也只是传闻而已。一天,秦观听说苏小妹陪母亲入庙进香,他就扮成道士,亲自考察。经过此番考察,他发现苏小妹不仅容貌秀美,而且的确才情出众,就择了吉日,带上彩礼,前往苏府求婚。

秦 观

(1049—1100),字少游,一字太虚,号淮海居士,北宋词人,与黄庭坚、张耒、晁补之合称"苏门四学士"。

秦观纪念馆

苏小妹的父兄都答应了,但她却不肯,提出要秦观金榜题名后才可洞房。秦观只好答应她,参加了礼部大试,结果中了进士。

结婚那天,苏小妹出了三个难题,要求秦观全都答对了才能入洞房。前两题是猜诗谜和赋诗,秦观很容易就答出来了。第三题是对对联。

秦观自诩五六岁便会对句,岂会被难倒?但仔细一看,上联写着"闭门推开窗前月",便有点儿傻眼了。此联看似很普通,但却十分巧妙。秦观左思右想,却怎么也想不出来,急得在庭院里团团转。刚好苏轼也尚未入睡,看到秦观还没入洞房,嘴里还念念叨叨的,就知道是妹妹故意刁难,决定帮助他。他问明上联,想了想,忽然看到秦观走到一个盛满水的花缸前,他灵机一动,心中有了数,远远地往缸中投进一块瓦片,水顿时溅到秦观脸上,水中天光月影纷纷晃动起来。秦观立即领悟,提笔写下"投石冲开水底天",解了第三道难题。

秦观书法《辋川摩诘图跋》

李清照

用真情写词的李清照

李清照,号易安居士,宋代女词人,婉约词派代表。她是宋徽宗时礼部员外郎李格非的女儿,自幼聪敏,才华出众。

18 岁的时候,李清照嫁给了当时的宰相赵挺之的儿子赵明诚,开始了人生旅途中最美好、最值得回味的一段岁月。李清照与赵明诚情投意合,两人经常一起下棋饮酒,写词作画,一起研究金石书画,非常恩爱。

结婚两年后,赵明诚开始出仕,被派到外地做官,夫妻两人很长时间才能见一次面。新婚不久而感情丰富的李清照实在是难以排遣寂寞,于是她每天以填词打发时间,用词的

李清照

(1084—约 1155),南宋女词人,有《易安居士文集》《易安词》,已散佚。后人有《漱玉词》辑本。

形式写信给赵明诚,以表达自己的相思之情,而赵明诚也常常写词作为回信。这一年的重阳节,李清照独自一人饮酒赏菊,十分思念丈夫,就写下了一首《醉花阴》:

薄雾浓云愁永昼,瑞脑消金兽。佳节又重阳,玉枕纱橱,半夜凉初透。

东篱把酒黄昏后,有暗香盈袖。莫道不消魂,帘卷西风,人比黄花瘦。

李清照把这首词寄给赵明诚,赵明诚收到这首词后非常感动。他很喜欢这首《醉花阴》,却又不服气李清照的才学,就决定和李清照比试一番。于是他耗尽心力,想了三天三夜,一下子写了50首词,然后把自己的词和李清照的词混合在一起,请好友评一评哪一首最好。结果,好友看完后却说只有"莫道不消魂,帘卷西风,人比黄花瘦"这三句最好,而这三句正是李清照用真情所写的。

天资聪颖

李清照出生在一个很有名望的书香世家,她的父亲李格非就是齐鲁学风培育出来的一个典型学者,她的母亲知书能文。李清照出世后,她的父亲上京为官,母亲把全部心思都放在了对李清照的教习上。

李清照认字很快,习字之余,母亲常常给她讲一些古书上的事情。她不仅听得津津有味,还常常刨根问底,不弄清前因后果决不罢休。

当时第一流的文学家中,有不少人与李清照的父亲往来甚密。如黄庭坚、晁补之、张耒、秦观、陈师道等,他们都是诗人兼词人。当父亲将李清照母女接到京城时,李清照听着这些文学家谈古论今、吟咏诗文,神往不已。

父亲偶尔会把女儿作的出色的诗文拿给朋友们看,这些诗文使友人们惊叹不已。往后,再论诗谈文的时候,友人便时常把李清照叫来。在大家的赞扬和鼓励下,李清照对文学创作的兴趣更浓了,写作也更勤了。少年时的李清照在不知不觉间依照着这些当世一流文人的标准来塑造自己。她如饥似渴地阅读家藏的浩繁文史卷帙,同时,习字、练画、理琴、斗棋、写诗、作词,充实地过着每一天。

陆 游

陆游杀虎

陆游 48 岁那年被调到西北抗金前线的重镇南郑。当时,宋朝和金国虽然签订了"和议",但是边境上仍常有小的战斗发生。陆游常常跟士兵一起巡逻,还参加过战斗。

有一次,陆游骑着马,带领一队士兵在大散关一带巡逻。他环视周围,忽然发现有一小股骑兵来偷袭。他马上命令士兵们在林子里隐蔽起来,用弓箭瞄准敌人的坐骑。当敌人靠近的时候,他一

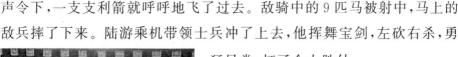

陆 游

(1125—1210),字务观,号放翁,南宋杰出的爱国诗人,有《渭南文集》《剑南诗稿》等,后人辑有《放翁词》。

声令下,一支支利箭就呼呼地飞了过去。敌骑中的 9 匹马被射中,马上的敌兵摔了下来。陆游乘机带领士兵冲了上去,他挥舞宝剑,左砍右杀,勇猛异常,打了个大胜仗。

为了增强武艺,强身健体,陆游经常会带士兵们出去打猎。有一天,他和士兵们上山打猎,打了一段时间,大家都有些累了,就下马休息。忽然从树林里蹿出一只老虎来。那老虎体形庞大,张着血盆大口就扑了过来,30 多个士兵

陆游祠

各个都吓得脸色发青,愣愣地站着,竟然连逃跑都忘了。在这紧急关头,陆游站了出来,大叫一声,挺起长矛,迎面冲向老虎。老虎竖起身子,张开大口,伸爪就要抓陆游。可还没等它扑到身边,陆游的长矛就已经戳进了它的喉咙。老虎受了致命伤,在地上挣扎了一会儿,就一动也不动了。

　　陆游杀死老虎的消息很快传遍军中,附近乡镇的百姓都很佩服他。人们都称赞他的勇敢精神,陆游也一直为此感到自豪。

陆游雕像

范成大

田园诗人范成大

范成大绍兴二十四年(1154)考中进士,开始步入仕途。初为徽州司户参军,累迁礼部员外郎。后出知处州,减轻赋税,兴修水利,颇有政绩。但身处南宋初年,积弱之世不能有更大的作为。范成大为人刚直,视死如归。乾道六年(1170),宋孝宗拟派使臣到金国索取河南陵寝地,当时朝臣惧怕金人如虎,范成大慷慨请行,全节而归。范成大在朝,刚直不阿。乾道八年(1172),范成大辗转桂林、成都、明州、建康等地任官。淳熙五年(1178),范成大从成都还朝,以中大夫为参知政事,执政仅两个月,便被御史以私憾攻击而落职。晚年告休归居苏州石湖,与陆游友谊甚笃。

范成大才华横溢,素有文名。与陆游、杨万里、尤袤齐名,为"南宋四大家"之一。词风清逸淡远,善写田园诗,《田园四时杂兴》被文学史家

范成大

(1126—1193),字致能,号石湖居士。汉族,平江吴郡(郡治在今江苏吴县)人。南宋诗人。谥文穆。从江西派入手,后学习中、晚唐诗,继承了白居易、王建、张籍等诗人新乐府的现实主义精神,终于自成一家。风格平易浅显、清新妩媚。诗题材广泛,以反映农村社会生活内容的作品成就最高。他与杨万里、陆游、尤袤合称南宋"中兴四大诗人"。

誉为集古代田园诗大成之作。范成大不仅擅诗,而且善书。其书法清新俊秀,典雅俊润,只可惜他为诗名所掩,书名不彰。明陶宗仪《书史会要》谓范成大"字宗黄庭坚、米芾,虽韵胜不逮,而遒劲可观"。范成大的书法

曾受他母亲的影响，他的母亲蔡夫人，是北宋四大书法家之一蔡襄的孙女。

范成大传世墨迹，以尺牍简札居多。他在成都与陆游饮酒赋诗，落纸墨尚未燥，仕女已万人传诵，被之乐府弦歌，题写素屏团扇，可惜这些墨迹都未流传下来。目前所能见到的范氏手迹，以他54岁所书《明州赠佛照禅师诗碑》为第一，此碑早逸，但有宋拓本藏于日本东福寺。范成大现存的手迹还有《兹荷纪念札》《垂海札》《荔酥沙鱼札》等，他的行书《田园杂兴卷》也常为人们所乐道。明代王世贞在《州山人稿》上说："范成大'归隐石湖时作即诗。无论竹枝、鹧鸪、家言，已曲尽吴中农圃故事矣！书法出入眉山（苏轼）、豫章（黄庭坚），间有米颠（米芾）笔，圆熟遒丽，生意郁然，真是二绝。'"

范文穆公祠

杨万里

杨万里咏梅州

　　杨万里,号诚斋,宋朝江西吉水县客家人,进士出身,累官至秘书监,卒谥文节。其与陆游、范成大、尤袤并称"南宋四大家"。他在广东三年,初任"提举常平茶盐",因平沈师之乱有功,宋孝宗皇帝称之曰"仁者之勇",擢为"提点广东刑狱"。两次经过程乡县(梅州),共写有19首有关的诗篇,可谓历史上首屈一指讽咏梅州人情风物的大诗人,在梅州文史上占有特殊地位。

杨万里

(1127—1206),字廷秀,号诚斋,吉州吉水(今江西省吉水县)人,南宋杰出的诗人,汉族。一生力主抗金,与范成大、陆游等合称南宋"中兴四大诗人"。

　　清康熙年间刘广聪编的《程乡县志》,收载他三首咏梅州诗,一《经蓝田铺》,二《过瘦牛岭》,三《咏梅州》。60年后《乾隆嘉应州志》同样转载这三首诗,却将第一首诗题目改为"自彭铺至杨田梅花十余里",第三首诗题目改为"梅州"。其实,都欠准确,第一首应为"自彭田铺至汤田,道旁梅花十余里",第三首应为"明发梅州"

　　然而最令人费解的是,第二首《过瘦牛岭》诗本是一首七律,而《程乡县志》却无端地采其前四句作七绝。这本是一件极不严肃又大杀风景的事,而乾隆、光绪两《州志》竟不作考核,照误引载。时至今日,有关诗文亦作七绝诗引用,可见其误导后世之深。今据黄遵宪门生杨徽五《榕园琐录》引杨万里《南海集》原著,还其七律本来面目。诗曰:

行尽天涯意未休,循州过了又梅州。

生平不惯乘肥马,老去须教过瘦牛。

梦里长惊炊剑首,春前应许赋刀头。

夜来尚有余樽在,急唤渠侬破客愁。

诗意说平生做官走遍天下,不惯逢迎,未能乘肥马乐逍遥,今五十多岁老了,还要走崎岖路过瘦牛岭。虽有微不足道的战功,却睡不安稳,梦里常为战事惊醒。料到春季前,战事很快就要结束,还须赋咏还朝,今夜尚有先前剩下的酒解烦愁。第五句"炊剑首"谓吹剑环上的小孔,发出微音,以喻微不足道。第六句"刀头",即剑环。环与还同音,以"刀头"为"还"的隐语。第七句"余樽",里面还藏有一段诗事。杨万里早先进入房溪村后,村民用自制家酿款待他,杨万里觉得酒"莹滑"、"森严",很有特色,就算官酿名酒也要退避三舍,而斋汤蜜汁更输它一筹。又问制酒方法,村民告诉他后但求不要外传。最后杨买了一瓶酒带走了("余樽"指此)。为此,写了《宿房溪野人张垧家饮桂叶鹿蹄酒》:

桂叶採青作曲投,鹿蹄煮酒趁凉篘(chōu)。落杯莹滑冰中水,过口森严菊底秋。玉友黄封犹退舍,斋汤蜜汁更输筹。野人未许传醅法,剩买双瓶过别州。

杨万里还有一首《题瘦牛岭》,极富情趣,因是《过瘦牛岭》的姊妹篇,录出以飨读者:

牛头定何向?牛尾定何指?我不炙你心,我不穿汝鼻。如何不许见全牛?雾隐云藏若相避。行行上牛背,上下三十里。一雨生新泥,寸步不自致。胡不去作牵牛星,渴饮银河天上水?胡不去作帝籍牛,天田春风牵犁耙?却来蛮村天尽头,塞路长遣行人愁。夕阳芳草只依旧,瘦牛何苦年年瘦!

杨万里咏梅州风土人情诗,除《州志》所载及上述所引外,尚有《古路》五古,《霜草》七绝,《瘴雾》七绝,《明发房溪》七绝二首,《宿万安铺》七绝,《观汤田铺溪边汤泉》七绝,《汤田早行见李花甚盛》五绝二首,《过单竹洋迳》五古,《过水车铺》七绝二首,《雨中梅花》七绝,《雨中道旁丛竹》五绝,总共 19 首之多。这些诗通俗明快,平易自然,清新活泼,不愧为"诚斋体"自家诗。其中咏梅花诗多首,成为梅州因梅花而得名之一说的诗证,特别脍炙"梅人"。已伴随梅州走过 800 多年历程的这些诗篇,仍将岁月与共,风雨同行,直到天荒地老。

杨万里塑像

辛弃疾

辛弃疾活捉叛徒

著名词人辛弃疾不仅能文，还能武，他曾经与一个叫耿京的人一起领导了抗金起义。他建议耿京与南宋朝廷联合，南北呼应，一起抗击金军，如果失败，还可以撤退到南方。耿京接受了辛弃疾的建议，就派义军总提领贾瑞做代表，和辛弃疾一起到南方去见宋高宗。

听了辛弃疾的汇报后，宋高宗也接受了他的建议，并任命他为天平军节度使，要他们回去向耿京传达命令。

辛弃疾

(1140—1207)，字幼安，号稼轩居士.南宋词坛最杰出的豪放派代表作家，有《稼轩长短句》集。

完成任务后，辛弃疾连忙往回赶，但在途中却听到一个不幸的消息：耿京被人杀害了。杀害耿京的是义军的将领张安国。在金国的诱降下，张安国叛变了，并勾结耿京手下另一名部将，趁耿京没防备，闯进营帐杀害了他。张安国投奔金军后，金朝让他做了济州的州官。辛弃疾听到这个消息，既痛心又气愤，发誓一定要除掉叛贼，为耿京报仇。他带了50名勇士一起骑马奔向济州。

辛弃疾带着勇士们径直闯入济州官府，找到张安国后，将他捆绑起来，拉出衙门。等济州兵士赶来的时候，他们已经把张安国绑在马上了。辛弃疾当场向兵士们宣布说：“朝廷大军马上就要来了，大家谁愿意抗金，就加入我们的队伍吧！”济州的兵士很多跟过耿京，听辛弃疾一号召，有上万人愿意加入。辛弃疾立刻带着义军，押着叛徒，直奔南方。

回到南方后，辛弃疾做过几任小官，虽然职位低微，但他坚持抗金，还创建过一支“飞虎军”，然而始终没能实现北伐中原的愿望。

叶绍翁

叶绍翁游园

正是江南二月,云淡风轻,阳光明媚。叶绍翁乘兴来到一座小小花园的门前,想看看园里的花木。他轻轻敲了几下柴门,没有反应;又敲了几下,还是没人应声。这样敲呀、敲呀,半天也不见有人来开门迎客。怎么回事儿?主人真的不在吗?大概是怕园里的满地青苔被人践踏,所以闭门谢客吧。果真如此的话,那就未免太小气了!

叶绍翁在花园外面寻思着、徘徊着,很是扫兴。在他无可奈何、正准备离去的当儿,抬头之间,忽见墙上一枝盛开的红杏花探出头来冲着人打招呼呢。叶绍翁快意地想道:啊!满园的春色已经溢出墙外,任你主人把园门闭得再紧,也关它不住!"春色满园关不住,一枝红杏出墙来。"叶绍翁从一枝盛开的红杏花,领略到满园热闹的春色,感受到满天绚丽的春光,总算是不虚此行了。但是,后来读者并不以这点儿为满足,而是按照自己的意愿,赋予这两句诗以生活的哲理:新生事物一定会冲破重重阻难,脱颖而出,蓬蓬勃勃地发展起来。这两句诗也便获得了新的生命,流传不绝。

叶绍翁

(1194—?),南宋中期诗人,字嗣宗,号靖逸,处州龙泉人。祖籍建安(今福建建瓯),本姓李,后嗣于龙泉(今属浙江丽水)叶氏。生卒年不详。曾任朝廷小官。其学出自叶适,他长期隐居在钱塘西湖之滨,与真德秀交往甚密,与葛天民互相酬唱。

文天祥

宁死不屈的文天祥

宋恭帝德祐元年（1275）正月，因元军大举进攻，宋军的长江防线全线崩溃，朝廷下诏让各地组织兵马勤王。文天祥立即捐献家资充当军费，招募当地豪杰，组建了一支万余人的义军，开赴临安。宋朝廷委任文天祥知平江府，命令他发兵援救常州，旋即又命令他驰援独松关。由于元军攻势猛烈，江西义军虽英勇作战，但最终也未能挡住元军兵锋。

次年正月，元军兵临临安，文武官员都纷纷出逃。谢太后任命文天祥为右丞相兼枢密使，派他出城与伯颜谈判，企图与元军讲和。文天祥到了元军大营，却被伯颜扣留。谢太后见大势已去，只好献城纳土，向元军投降。

文天祥

(1236—1283)，汉族，吉州庐陵（今江西青源区）人，南宋著名英雄，初名云孙，字天祥。选中贡士后，换以天祥为名，改字履善。宝祐四年（1256）中状元后再改字宋瑞，后因住过文山，而号文山，又有号浮休道人。文天祥与陆秀夫、张世杰被称为"宋末三杰"。

元军占领了临安，但两淮、江南、闽广等地还未被元军完全控制和占领。于是，伯颜企图诱降文天祥，利用他的声望来尽快收拾残局。文天祥宁死不屈，伯颜只好将他押解北方。行至镇江，文天祥冒险出逃，经过许多艰难险阻，于景炎元年（1276）五月二十六日辗转到达福州，被宋端宗赵昰任命为右丞相。

文天祥对张世杰专制朝政极为不满，又与陈宜中意见不合，于是离开南宋行朝，以同都督的身份在南剑州（治今福建南平）开府，指挥抗元。不久，文天祥又先后转移到汀州（治今福建长江）、漳州、龙岩、梅州等地，联络各地的抗元义军，坚持斗争。景炎二年（1277）

文天祥塑像

夏，文天祥率军由梅州出兵，进攻江西，获得大捷后，又以重兵进攻赣州，以偏师进攻吉州（治今江西吉安），陆续收复了许多州县。原江西宣慰使李恒在兴国县发动反攻，文天祥兵败，收容残部，退往循州（旧治在今广东龙川西）。祥兴元年（1278）夏，文天祥得知南宋行朝移驻厓山，为摆脱艰难处境，便要求率军前往，与南宋行朝会合。由于张世杰坚决反对，文天祥只好作罢，率军退往潮阳县。同年冬，元军大举来攻，文天祥在率部向海丰撤退的途中遭到元将张弘范的攻击，兵败被俘。

文天祥服毒自杀未遂，被张弘范押往厓山，让他写信招降张世杰。文天祥说："我不能保护父母，难道还能教别人背叛父母吗?"张弘范不听，一再强迫文天祥写信。文天祥于是将自己前些日子所写的《过零丁洋》一诗抄录给张弘范。张弘范读到"人生自古谁无死，留取丹心照汗青"两句时，不禁也受到感动，不再强逼文天祥了。

南宋在厓山灭亡后，张弘范向元世祖请示如何处理文天祥，元世祖说："谁家无忠臣?"命令张弘范对文天祥以礼相待，将文天祥送到大都（今北京），软禁在会同馆，决心劝降文天祥。

元世祖首先派降元的原南宋左丞相留梦炎对文天祥现身说法，进行劝降。文天祥一见留梦炎便怒不可遏，留梦炎只好悻悻而去。元世祖又让降元的宋恭帝赵㬎来劝降。文天祥北跪于地，痛哭流涕，对赵㬎说："圣驾请回!"赵㬎无话可说，怏怏而去。元世祖大怒，于是下令将文天祥的双手捆绑，戴上木枷，关进兵马司的牢房。文天祥入狱十几天，狱卒才给他松了手缚；又过了半月，才给他褪下木枷。

元朝丞相孛罗亲自开堂审问文天祥。文天祥被押到枢密院大堂，昂然而立，只是对孛罗行了一个拱手礼。孛罗喝令左右强制文天祥下跪。文天祥竭力挣扎，坐在地上，始终不肯屈服。孛罗问文天祥："你现在还有什么话可说？"文天祥回答："天下事有兴有衰。国亡受戮，历代皆有。我为宋尽忠，只愿早死！"孛罗大发雷霆，说："你要死？我偏不让你死。我要关押你！"文天祥毫不畏惧，说："我愿为正义而死，关押我也不怕！"

从此，文天祥在监狱中度过了三年。在狱中，他曾收到女儿柳娘的来信，得知妻子和两个女儿都在宫中为奴，过着囚徒般的生活。文天祥深知女儿的来信是元廷的暗示：只要投降，家人即可团聚。然而，尽管文天祥心如刀割，却不愿因妻子和女儿而丧失气节。他在写给自己妹妹的信中说："收柳女信，痛割肠胃。人谁无妻儿骨肉之情？但今日事到这里，于义当死，乃是命也。奈何？奈何！……可令柳女、环女做好人，爹爹管不得。泪下哽咽哽咽。"

狱中的生活很苦，可是文天祥强忍痛苦，写出了不少诗篇。《指南后录》第三卷、《正气歌》等气壮山河的不朽名作都是在狱中写出的。

元世祖至元十九年（1282）三月，权臣阿合马被刺，元世祖下令籍没阿合马的家财、追查阿合马的罪恶，并任命和礼霍孙为右丞相。和礼霍孙提出以儒家思想治国，颇得元世祖赞同。八月，元世祖问议事大臣："南方、北方宰相，谁是贤能？"群臣回答："北人无如耶律楚材，南人无如文天祥。"于是，元世祖下了一道命令，打算授予文天祥高官显位。文天祥的一些降元旧友立即向文天祥通报了此事，并劝说文天祥投降，但遭到文天祥的拒绝。十二月八日，元世祖召见文天祥，亲自劝降。文天祥对元世祖仍然是长揖不跪。元世祖也没有强迫他下跪，只是说："你在这里的日子久了，如能改心易虑，用效忠宋朝的忠心对朕，那朕可以在中书省给你一个位置。"文天祥回答："我是大宋的宰相。国家灭亡了，我只求速死,不当久生。"元世祖又问:"那你愿意怎么样?"文天祥回答:"但愿一死足矣!"元世祖十分气恼,于是下令立即处死文天祥。

次日,文天祥被押解到菜市口刑场。监斩官问:"丞相还有什么话要说?回奏还能免死。"文天祥喝道:"死就死,还有什么可说的?"他问监斩官:"哪边是南方?"有人给他指了方向,文天祥向南方跪拜,说:"我的事情完结了,心中无愧了!"于是引颈就刑,从容就义。死后在他的腰带中发现一首诗:"孔曰成仁,孟曰取义,唯其义尽,所以仁至。读圣贤书,所学何事?而今而后,庶几无愧。"文天祥死时年仅 47 岁。

关汉卿

广泛交友

关汉卿生性开朗、洒脱,他并未因官场失意而抑郁沉沦,相反,低下的社会地位给了他熟悉都市平民生活的机会,他一生都是在都市中与广大平民百姓共同度过的。关汉卿知识渊博,而且"滑稽多智,蕴藉风流",常常出入各种场合,与社会上的三教九流、形形色色的人等都有来往,交友十分广泛。

约1260年后,随着南北文化交流的加强,关汉卿离开了他生活多年的大都而南下。他一路游览,先后游历了汴京、洛阳,到杭州后又北上,到达扬州等地。在游历的同时,他积极结交当地著名人士,了解当地的风俗民情,开阔眼界,增长见识,还拜访当地的杂剧作家,参与当地的杂剧演出活动。

明初的戏曲家贾仲明说关汉卿"驱梨园领袖,总编修师首,捻杂剧班头"。这种地位决定了关汉卿在戏曲界的交往必然十分广泛。关汉卿与当时的戏曲家杨显

关汉卿

(约1220—1300),元代杂剧作家,是中国古代戏曲创作的代表人物,号已斋(一作一斋)、已斋叟,汉族,解州(今山西省运城)人,关于他的籍贯,还有祁州(今河北省安国县)伍仁村、大都(今北京市)人,大约生于金代末年(约1220年前后),卒于元成宗大德初年(约1300年前后)。与马致远、郑光祖、白朴并称为"元曲四大家",关汉卿位于"元曲四大家"之首。

之、梁进之、费君祥等都有深厚的友谊,其中有人还与他成为莫逆之交。

此外,关汉卿还和一些著名的女戏子交谊极深,最为世人称道的是他与杰出的女戏子朱帘秀的往来。他曾写了一首散曲《南吕·一枝花》赠朱帘秀,表达了他对朱帘秀的无比仰慕和对她不幸婚姻的同情。

低下的社会地位和广泛的交友使关汉卿的创作获得了用之不竭的源泉。他用元杂剧来反映平民生活,抨击社会黑暗,表达对平民的深切同情,抒写人生信念。

创作元曲

据各种文献资料记载,关汉卿编有杂剧 67 部,现存 18 部。个别作品是否出自关汉卿手笔,学术界尚有分歧。其中《窦娥冤》《救风尘》《望江亭》《拜月亭》《鲁斋郎》《单刀会》《调风月》等是他的代表作。

关汉卿的杂剧内容具有强烈的现实性和弥漫着昂扬的战斗精神,关汉卿生活的时代,政治黑暗腐败,社会动荡不安,阶级矛盾和民族矛盾十分突出,人民群众生活在水深火热之中。他的剧作深刻地再现了社会现实,充满着浓郁的时代气息。既有皇亲国戚、豪权势要葛彪、鲁斋郎的凶横残暴,动不动挑人眼、剔人骨、剥人皮的血淋淋现实,又有童养媳窦娥、婢女燕燕的悲惨遭遇,反映生活面十分广阔;既有对官场黑暗的无情揭露,又热情讴歌了人民的反抗斗争。慷慨悲歌,乐观奋争,构成关汉卿剧作的基调。在关汉卿的笔下,写得最为出色的是一些普通妇女形象,窦娥、妓女赵盼儿、杜蕊娘、少女王瑞兰、寡妇谭记儿、婢女燕燕等,各具性格特色。她们大多出身微贱,蒙受封建统治阶级的种种凌辱和迫害。关汉卿描写了她们的悲惨遭遇,刻画了她们正直、善良、聪明、机智的性格,同时又赞美了她们强烈的反抗意识,歌颂了她们敢于向黑暗势力展开搏斗、至死不屈的英勇行为,在那个特定的历史时代,奏出了鼓舞人民斗争的主旋律。关汉卿是位伟大的戏曲家,后人将其列为元曲四大家之首。

他的剧作被译为英文、法文、德文、日文等,在世界各地广泛传播,后世称关汉卿为"曲圣"。

由于不满于黑暗社会的压抑与摧残,关汉卿长期混迹在勾栏妓院。在玩世不恭的背面,隐藏着关汉卿悲凉的内心世界和热烈乐观的战斗精神。关汉卿写作勤奋,一生共著杂剧 67 部,今存 18 部,其中"旦本"戏占 12 部。他那贴近现实、充满血肉之感的笔触,诉说着社会民众的困苦与无奈,又将一腔悲悯的情怀,倾洒在被污辱的女性身上。最脍炙人口的作品是《窦娥冤》。

《窦娥冤》取材于汉代流传下来的"东海孝妇"民间故事,关汉卿结合了自己在现实生活中的体会,精心构制了这一悲剧。窦娥因家贫被卖给蔡家做童养媳,丈夫早死,婆媳相依为命。流氓张驴儿闯入这个家庭,胁迫窦娥婆媳嫁给他们父子为妻,遭到窦娥严辞拒绝。张驴儿欲毒死蔡婆,结果反毒死了自己的父亲,他便嫁祸给窦娥。昏聩的桃杌太守严刑逼供,将窦娥屈打成招,并被处死。违法的人并未得到制裁,守法的人却被法纪送了性命。戏剧的锋芒直指残酷的封建统治。当窦娥幻想破灭,她愤怒地呼喊出:"为善的受贫穷更命短,造恶的享富贵又寿延。天地也做得个怕硬欺软,却原来也这般顺水推船。地也,你不分好歹何为地!天也,你错勘贤愚枉做天!"窦娥的责天问地,也是关汉卿的呼喊,代表着不屈从于现实命运的浩然正气。元杂剧多充溢着一种郁闷、愤懑的情绪,这是在异族统治下的元代作家目睹种种黑暗现象后的自然流露。但关汉卿在《窦娥冤》中表达的是对整个社会的否定与诅咒般的诘难,具有无可辩驳的深刻性。

白 朴

白朴与《梧桐雨》

在元代杂剧的创作中,白朴占有重要的地位。历来评论元代杂剧,都称他与关汉卿、马致远、郑光祖为元杂剧四大家。

白朴出身官僚士大夫家庭,他的父亲白华为金宣宗三年(1215)进士,官至枢密院判。自家与元好问父子为世交,过从甚密。两家子弟,常以诗文相往来。

白朴出身于这样的家庭,本应优游闲适,读书问学,以便将来博取功名。然而,他的幼年却偏偏遭逢兵荒马乱的岁月,他只得同家人在惊恐中苦熬光阴。他出生后不久,金朝的南京汴梁已在蒙古军的包围之下,幸得其父好友元好问相救。后元好问将白朴姐弟送归白华,使失散数年的父子得以团聚。随着北方的安定,白朴父子也就在真定定居下来。从此,他按照父亲的要求,写作诗赋,学习科场考试的课业。他对律赋之学颇为上进,很

白 朴

(1226—?),原名恒,字仁甫,后改名朴,字太素,号兰谷,汉族,祖籍陕州(今山西河曲附近),后徙居真定(今河北正定县),晚岁寓居金陵(今南京市),终身未仕。他是元代著名的文学家、曲作家、杂剧家,与关汉卿、马致远、郑光祖合称为"元曲四大家"。代表作主要有《唐明皇秋夜梧桐雨》《裴少俊墙头马上》《董月英花月东墙记》等。

快即以能诗善赋而知名。当时,元好问为修撰金朝历史书籍,也常出入大都,从而往来于真定,关心着他的学业,每至其家,都要指导他治学门

径,元好问颇赞赏他的才华:"元白通家旧,诸郎独汝贤。"勉励他刻苦用功,成就一番事业。

然而,蒙古统治者的残暴掠夺,使白朴心灵上的伤痕难以平复,他对蒙古统治者充满了厌恶的情绪,兵荒马乱中母子相失,使他常有山川满目疮痍之叹,更感到为统治者效劳的可悲。因此,他放弃了官场名利的争逐,而以亡国遗民自适,以词赋为专门之业,用歌声宣泄自己胸中的郁积。

随着年岁的增长,社会阅历的扩大,白朴的学问更见长进。元世祖中统二年(1261),白朴36岁。这年四月,元世祖命各路宣抚使举文学才识可以从考者,以听擢用,时以河南路宣抚使入中枢的史天泽推荐白朴出仕,被他谢绝了。他既拂逆史天泽荐辟之意,自觉不便在真定久留,便于这年弃家南游,更以此表示他遁世消沉,永绝仕宦之途的决心。

白朴放浪形骸,寄情于山水之间,但他却并不可能真正遁迹世外,对现实熟视无睹。加之他的足迹所至之处,恰恰是曾经繁华一时,而今被兵火洗劫变为荒凉的境地。前后景象的对比,更激起他对蒙古统治者的怨恨。他以诗词来宣泄这种怨恨,控诉蒙古统治者的罪恶行径。

白朴的剧作,题材多出自历史传说,剧情多为才人韵事。现存的《唐明皇秋夜梧桐雨》,写的是唐明皇与杨贵妃的爱情故事,《鸳鸯简墙头马上》,描写的是一个"志量过人"的女性李千金冲破礼教,自择配偶的故事。前者是悲剧,写得悲哀悱恻,雄浑悲壮;后者是喜剧,写得起伏跌宕,热情奔放。这两部作品,历来被认为是爱情剧中的成功之作,具有极强的艺术生命力,对后代戏曲的发展具有深远的影响。

《梧桐雨》全名《唐明皇秋夜梧桐雨》,写安史之乱前后唐明皇与杨贵妃爱情的悲欢离合。剧情是:安禄山有一次未能完成军令,幽州节度使张守圭本欲将他斩首,惜其骁勇,将他押至京城问罪。丞相张九龄奏请明皇杀掉安禄山,明皇不从,反而召见授官。此时贵妃正受宠幸,奉明皇命收安禄山为义子,赐洗儿钱。后来安禄山因与杨国忠不和,出京任范阳节度使。好景不长,天宝十四年,安禄山谋反,明皇携贵妃仓皇入蜀。驻扎马嵬驿时,军队起了骚乱。诛杀杨国忠和杨贵妃后,军队才得到了安抚,保护明皇逃亡。肃宗收复京都后,太上皇(明皇)闲居西宫,对杨贵妃思念不已,以至于明皇梦中与贵妃相见,却被梧桐雨惊醒。

全剧以李、杨爱情为主线反映了安史之乱这一重大历史事件及唐王朝由盛至衰的过程。主题思想上有明显矛盾。但全剧结构层次井然,曲词华美优雅,诗意浓厚。以闻雨打梧桐声作结,渲染悲剧气氛,衬托李隆基凄凉的内心世界,尤见成功。前人对此剧评价甚高,清人李调元说:"元人咏马嵬事无虑数十家,白仁甫《梧桐雨》剧为最"(《雨村曲话》)。此剧对清人洪昇的传奇戏曲《长生殿》影响很大。

马致远

马致远与他的作品

马致远是元代著名戏曲作家、散曲家、杂剧家。所作杂剧今知有 15 种,《汉宫秋》是其代表作;散曲 120 多首,有辑本《东篱乐府》。青年时期仕途坎坷,中年中进士,曾任浙江省官吏,后在大都(今北京)任工部主事。马致远晚年不满时政,隐居田园,以衔杯击缶自娱,死后葬于祖茔。

马致远

从他的散曲作品中可以知道,他年轻时热衷功名,有"佐国心,拿云手"的政治抱负,但一直没能实现,在经过了"二十年漂泊生涯"之后,他看透了人生的名利,遂有退隐林泉的念头,晚年过着"林间友"、"世外客"的闲适生活。马致远早年即参加了杂剧创作,是"贞元书会"的主要成员,与文士王伯成、李时中,艺人花李郎、红字李二都有交往,也是当时最著名的"元曲四大家"之一。马致远从事杂剧创作的时间很长,名气也很大,有"曲状元"之誉。他的作品见于着录的有 16 种,今存《汉宫秋》《荐福碑》《岳阳楼》《青衫泪》《陈抟高卧》《任风子》6 种,另有《黄粱梦》,是他和几位艺人合作的。以《汉宫秋》最为著名。散曲有《东篱乐府》,小令《天净沙·秋思》脍炙人口,匠心独运,自然天成,丝毫不见雕琢痕迹。

（约 1250—1321 或 1324）,字千里,号东篱,汉族,大都(今北京)人,另一说马致远是河北省东光县马祠堂村人,号东篱,以示效陶渊明之志。他的年辈晚于关汉卿、白朴等人,生年当在至元(始于 1264)之前,卒年当在至治改元到泰定元年(1321—1324)之间,与关汉卿、郑光祖、白朴并称"元曲四大家",是我国元代时著名大戏剧家、散曲家。

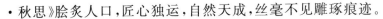

《汉宫秋》是马致远早期的作品，也是马致远杂剧中最著名的一部，讲述王昭君出塞和亲故事。历史上的这一事件，原只是汉元帝将一名宫女嫁给内附的南匈奴单于作为笼络手段，在《汉书》中的记载也很简单。而《后汉书·南匈奴传》加上了昭君自请出塞和辞别时元帝惊其美貌、欲留而不能的情节，使之带上一种故事色彩。后世笔记小说、文人诗篇及民间讲唱文学屡屡提及此事，对历史事实多有增益改造。

马致远塑像

他的作品具有豪放中显其飘逸、沉郁中见洒脱之风格。

马致远杂剧的语言清丽，善于把比较朴实自然的语句锤炼得精致而富有表现力。曲文充满强烈的抒情性和主观性。

马致远的散曲，扩大了题材领域，提高了艺术意境。声调和谐优美，语言疏宕豪爽，雅俗兼备。

词采清朗俊雅，而不浓艳，《太和正音谱》评为"马东篱之词，如朝阳鸣凤。其词典雅清丽，可与灵光景福两相颉颃，有振鬣长鸣万马皆喑之意。又若神凤飞于九霄，岂可与凡鸟共语哉！宜列群英之上"。

马致远同时是撰写散曲的高手，是元代散曲大家，有"曲状元"之称。今存散曲约130多首，他的写景作如《天净沙·秋思》，如诗如画，余韵无穷。他的叹世之作也能挥洒淋漓地表达情性，他在元代散曲作家中，被看做是豪放派的主将，他虽也有清婉的作品，但以疏宕宏放为主，他的语言熔诗词与口语为一炉，创造了曲的独特意境。

郑光祖

郑光祖与《倩女离魂》

郑光祖在《倩女离魂》一剧中，成功地塑造了一个对爱情忠贞不渝、感情真挚热烈的少女形象，因而使这一剧堪与《西厢记》相媲美。也正由于此，使郑光祖"名闻天下，声振闺阁"。

《录鬼簿》说他"以儒补授杭州路吏，为人方直，不妄与人交"，"名闻天下，声振闺阁，伶伦辈称郑老先生"。他是元代著名的杂剧家和散曲家，与关汉卿、马致远、白朴齐名，号称元代四大杂剧家之一。

有关郑光祖的生平事迹没有留下多少记载，从钟嗣成《录鬼簿》中，我们知道他早年习儒为业，后来补授杭州路为吏，因而南居。他"为人方直"，不善与官场人物相交往，因此，官场诸公很瞧不起他。可以想见，他的官场生活是很艰难的。杭州的美丽风景和那里的伶人歌女，不断地触发着他的感情，他本来颇具文学才情，使他开始了杂剧创作。

《倩女离魂》又称《迷青琐倩女离魂》，是郑光祖的代表作，也是元后期杂剧中最优秀的作品。剧本以唐朝陈玄佑的

郑光祖

生卒年不详，字德辉，汉族，平阳襄陵（今山西襄汾县）人。他是元代著名的杂剧家和散曲家，所作杂剧在当时"名闻天下，声振闺阁"。与关汉卿、马致远、白朴齐名，后人合称为"元曲四大家"。所作杂剧可考者18种，现存《周公摄政》《王粲登楼》《翰林风月》《倩女离魂》《无盐破连环》《伊尹扶汤》《老君堂》《三战吕布》等8种；其中，《倩女离魂》最著名，后三种被质疑并非郑光祖作品。除杂剧外，郑光祖写散曲，有小令六首、套数二套流传。

《离魂记》小说为素材,其大致情节是:秀才王文举与倩女指腹为婚,王文举不幸父母早亡,倩女之母遂有毁约的打算,借口只有王文举得了进士之后才能成婚,想赖掉这门婚事。不料倩女却十分忠实于爱情,就在王文举赴京应试,与倩女柳亭相别之后,由于思念王文举,倩女的魂魄便离了原身,追随王文举一起奔赴京城。而王文举却不知是倩女的魂魄与他在一起,还以为是倩女本人同他一起赴京。因此,当他状元及第三年后,准备从京城起程赴官,顺便去探望岳母,便先修书一封告知倩女的父母,王文举偕同倩女魂魄来到了倩女身边,魂魄与身体又合而为一,一对恩爱夫妻得到团圆。

全剧集中刻画了倩女追求婚姻自主、忠贞于爱情的形象和性格,在婚姻上,她决不轻易任人摆布。当她的母亲想要悔约,要她与王文举兄妹相称时,她便一眼看穿了母亲的用意,表示了坚决的反对。当倩女的魂魄离开真身,追随王文举一起赴京时,王文举以为倩女本人奔来,先是说怕倩女的母亲知道,劝她回去,倩女果敢地说:“他若是赶上咱,待怎样?常言道,做着不怕!”王文举劝阻行不通,便用礼教来教训她,说什么“聘则为妻,奔则为妾”,说她“私自赶来,有玷风化”。倩女更坚定地说:“你振色怒增加,我凝睇不归家。我本真情,非为相谑,已主定心猿意马。”表现了她对封建礼教的反抗和鄙视。

在艺术描写方面,《倩女离魂》具有浓厚的抒情气息,笔墨细腻但并不感纤巧,文辞精美却不显雕琢。在写倩女离魂月夜追赶王文举的情景时,曲词和宾白水乳交融,如行云流水,一气呵成,把倩女焦急盼望的心理,慌忙赶路的情形,以及江岸月夜的景色都描绘得十分细致逼真。尤其是写离魂追到江边的几支曲,充满了诗情画意。

《倩女离魂》的情节和人物形象,受到《西厢记》的启发,而又对《牡丹亭》有较大的影响。在这两大名剧之间,它似乎有一种过渡的作用。

汤显祖

不畏挑战的汤显祖

麻姑山山清水秀，风景优美，有很多名胜古迹，文人骚客常常到这里来游玩。明代戏曲家汤显祖曾经为了写"临川四梦"到这里来找灵感。

汤显祖

(1550—1616)，明代戏曲家，有传奇"临川四梦"，其中《牡丹亭》是他的代表作。

一天，他来到麻姑山"丹霞学馆"门口拜馆。学馆丹霞先生听学生说来了一个先生，以为是来游馆的，慌忙出来迎接。当时文人相互轻视，丹霞先生很担心自己会被人看不起。但他看到汤显祖布衣粗帽，相貌平凡，悬着的心落地了。于是他来个先发制人："来此游馆者甚多，鄙人愚钝，望先生以文相见！"

汤显阻微微一笑，随口作了一首七言绝句：

慕名仙境上仙山，隐隐丹霞去雾间。

招引临川汤若士，特来拜馆释愚凡。

丹霞先生一听，眼前之人就是鼎鼎有名的临川汤若士，大吃一惊，连忙赔着笑脸，深深一揖道："久仰先生大名，如雷贯耳，有失远迎，恕罪恕罪！"于是，将他请到客厅，泡了一杯麻姑名茶献上，道："丹霞馆内，香茗一盏。"汤显祖明白了他的用意,笑着对道:"龙门桥下,玉练双飞。"丹霞先生听了,心里暗暗叫苦。汤显祖也设过馆,教过学,并和不少狂傲的设馆先生打过交道,明白其中缘由,不觉起了同情之心,于是口出一联曰:"丹井源流,河水不犯井水。"表明自己不是来游馆,而是来游山的。丹霞先生一听,心中大喜,也脱口对道:"临川笔墨,真才自是奇才!"等到汤显祖走时,那丹霞先生送了几十里。

纳兰性德

纳兰性德与卢氏

1674 年,纳兰性德 20 岁时,娶两广总督卢兴祖之女为妻,赐淑人。是年卢氏年方十八,"生而婉娈,性本端庄"。卢氏父亲卢兴祖,汉军镶白旗人,任两广总督。他们的婚姻一开始只是政治产物——京官与地方官结亲是官员结亲的理想模式,一个是中央要员,一个是封疆大吏,朝中有人好做官,地方有人好办事。但婚后二人发现彼此都有着惊人的相似:温柔、纯真、孩子气。成婚后,二人夫妻恩爱,感情笃深,新婚的美满生活激发了他的诗词创作。

一次大雨,容若在书房看书却久久不见卢氏,四处遍寻不着,突然看见卢氏在后院撑着两把伞,一把遮自己,一把遮着刚开好的荷花。

纳兰性德

(1655—1685),满洲人,字容若,号楞伽山人,是清代最为著名的词人之一。他的诗词不但在清代词坛享有很高的声誉,在整个中国文学史上,也以"纳兰词"在词坛占有光彩夺目的一席之地。

可见其可爱之处。两人深深爱着对方,容若看书的时候,卢氏总是提前进书房帮他收拾桌子,摆上容若喜欢的瓜果。容若文学底蕴深厚,而卢氏也不是普通的女子所能比拟的。卢氏曾经问容若:最悲伤的字是哪个? 容若不解。

卢氏说:是"若"。凡"若"出现,皆是因为对某人某事无能为力。

可见卢氏的文学素养也是挺高的。容若后来的诗词里就出现过许多"若"字。最有名的莫过于：人生若只如初见。还有一次卢氏用颜色来评论容若的词，也十分有见解。

纳兰性德手迹

容若和卢氏很幸福地生活，"忆得双文胧月下，小楼前后捉迷藏"，"忆得双文通内里，玉拢深处闻暗香"等太多太多了，只说他一首《杂忆》中的一段吧：

> 春葱背痒不禁爬，十指掺掺剥嫩芽。
>
> 忆得染将红爪甲，夜深偷捣凤仙花。

讲卢氏为自己搔背、用凤仙花染红指甲、用花灯小盏捕捉萤火虫的细节。幸福的生活永远是由幸福的细节组成的。

可幸福永远都是短暂的，或许这一对璧人幸福得让老天都嫉妒了吧！仅三年，卢氏因难产而亡，这对容若来说是一个巨大的打击，从此"悼亡之吟不少，知己之恨尤深"。沉重的精神打击使他在以后的悼亡诗词中一再流露出哀婉凄楚的不尽相思之情和怅然若失的怀念心绪。容若后期的词越来越悲伤了。

容若也写了许多纪念卢氏的词，其代表作是《浣溪沙》：

> 谁念西风独自凉，萧萧黄叶闭疏窗。沉思往事细思量。
>
> 被酒莫醒春睡重，赌书消得泼茶香。当时只道是寻常。

尤其是"当时只道是寻常"这一句，道出了许多人的心伤。

郑板桥

郑板桥吟诗赶小偷

郑板桥是清代"扬州八怪"的主要代表人物，是以"诗、书、画"三绝闻名于世的书画家和文学家，同时也是有名的清官和穷官。

郑板桥在潍县当县令时，刚好赶上大旱，人民生活困苦。年关将近，郑板桥带着书童察访民情，路过一户人家时，见破门上贴着一副对联，上联"二三四五"，下联"六七八九"。他沉吟良久，不忍离去。书童感到很纳闷，不知这副对联有什么奥妙。回到县衙后，郑板桥立即命书童给这户人家送去食物和衣服。到了大年初一，这家老小来给郑

郑板桥

(1693—1765)，字克柔，清代著名画家、书法家，原名郑燮，"扬州八怪"的主要代表人物，以"诗、书、画"三绝闻名于世。

板桥拜年，感谢他的救济。郑板桥就问书童："你还记得那副对联吗？缺一(衣)少十(食)，怎么过年？"

后来，郑板桥因为民请命被罢了官。一天夜里，月黑风高，外面下着潆潆细雨，他还没有入睡。这时，一个小偷蹑手蹑脚地溜进了他的房间。郑板桥本想假装熟睡，任他偷，但又有点不甘心，略加思索，便低声吟道："细雨潆潆夜沉沉，梁上君子进我门。"

小偷一听,吓得躲在角落里不敢出声,暗吃一惊,继而又听到两句:"屋内诗书存千卷,床头金银无半文。"小偷听到这里,便想转身出门,又听见里面传来:"出门休惊黄尾犬。"小偷心想那就翻墙吧,正准备爬墙,又听到屋里传来:"越墙莫损兰花盆。"小偷一看,墙头果然有一盆兰花,于是小心避开,不料脚刚落地,又听到屋内传来:"天寒不及披衣送,趁着月光赶豪门。"

郑板桥乐于吃亏化干戈

不知道大家听说没听说过这样一首打油诗:"千里告状为一墙,让他一墙又何妨;万里长城今犹在,何处去找秦始皇?"这首朗朗上口、流传已久的诗,里面描写的事情大家应该都知道,可是作者应该鲜有人知道。其实,这首诗是清朝乾隆年间郑板桥为劝其弟与邻居争墙一事而写。这首诗的原作是明代的大学士张英所写,原文是"千里告状只为墙,让他三尺又何妨;万里长城今犹在,不见当年秦始皇。"晚清时的曾国藩为解决老家邻里纠纷也用过这首诗。

相传那时郑板桥正在外地做官,忽然有一天,收到在老家务农的弟弟郑墨一封非同寻常的来信:求哥哥出面,到当地县令那里说情。原来,郑家与邻居的房屋共用一墙,郑家的人想翻修老屋,邻居出来干预,说那堵墙是他们祖上传下来的,不是郑家的,郑家无权拆掉。为此两家争执了好久,甚至到了衙门,打了官司。

其实,契约上写得很明白,那堵墙是郑家的,邻居只是借光盖了房子。这官司打到县里,尚无结果,双方都难免求人说情。郑墨粗识文墨,并非惹是生非之徒,只是这次明显受人欺侮,心里的怨恨实在咽不下去,自然就想到了做官的哥哥。郑墨想：我有契约在，我哥哥又是当官的，由哥哥出面说情，官官相护，这场官司肯定能打赢的。

于是郑墨就给哥哥郑板桥去了一封信，郑板桥收到信以后，思索了好久，他认为在这件小事上，郑家不妨大度些，不应该和邻居发生矛盾，更不该闹到打官司的程度。于是，他思虑再三，给弟弟回信寄了开头的那首打油诗，同时还寄去了一个条幅，上写"吃亏是福"四个大字。郑墨接到信，羞愧难当，当即撤了诉状，向邻居表示不再相争。那邻居也被郑氏兄弟的宽容大度所感动，表示也不愿意继续！闹下去。于是两家重归于好，仍然共用一墙。

郑板桥借雨作怪诗贺寿

清朝时的郑板桥在诗词和做人上都以"怪"著称，为当时的"扬州八怪"之一。但其所谓的"怪"，乃不从常规，敢于突破、创新，行文常出人意料之外，不落窠臼等。

有一次他应好友李某之请，赴宴祝寿，但见高朋满堂，觥筹交错，可惜天公不作美，大雨滂沱，甚杀风景。酒后主人捧出文房四宝，众客相继献词贺寿，最后轮到郑板桥。

郑板桥舒纸提笔，不假思索地写下了"奈何"两字。满座客人见了都十分惊讶，因为凡即席贺寿多属应景、应酬之作，离不开恭维之词，少不了吉庆之言，而今板桥以"奈何"起句，纵有回天之力，也难以"狗尾续貂"吧？

众客正纳闷，郑板桥又写下了第二个"奈何"，接着又添了"可奈何"，众客面面相觑，暗暗称怪。郑板桥微微一笑，挥毫写下了第四个"奈何"。

顿时众客骚动，顾不得礼仪而议论纷纷，甚至有人都开始指责起郑板桥来。

不料郑板桥龙飞凤舞，一挥而就，大家俯首一看，留在纸上的原来是一首绝妙的贺寿诗：

奈何奈何可奈何，奈何今日雨滂沱；

滂沱雨祝李公寿，寿比滂沱雨更多。

郑板桥诗才过人，他巧接回环诗祝寿献礼，使众人为之折服。此时室外大雨仍然如注，仿佛热烈为李公祝寿，也为郑公叫好。